시절 고민,

책으로
답하다

시절 고민, 책으로 답하다

1판 1쇄 발행 2025년 2월 28일

펴낸이 한기호
책임편집 서정원
편집 박예슬, 송원빈, 이선진
본부장 여문주
마케팅 윤병일, 하미영
경영지원 김윤아
디자인 이성호
인쇄 예림인쇄

펴낸곳 (주)학교도서관저널
출판등록 제2009-000231호(2009년 10월 15일)
주 소 04029 서울시 마포구 동교로 12안길 14(서교동) 3층
전 화 02-322-9677
팩 스 02-6918-0818
전자우편 slj9677@gmail.com
홈페이지 www.slj.co.kr

ISBN 978-89-6915-179-7 03800

ⓒ 학교도서관저널, 2025

- 이 책은 저작권법에 따라 보호를 받는 저작물이므로 무단 전재와 무단 복제를 금합니다.
- 책값은 뒤표지에 있습니다.

시절 고민,
책으로 답하다

독서가들의 책 읽기와 삶 잇기

학교
도서관
저널

여는 글

책에 대한 정의는 매우 다양하다. 내가 자주 인용하는 책에 대한 정의는 일본의 대표적인 논픽션 작가인 사노 신이치가 2001년에 『누가 책을 죽이는가』(시아출판사)를 펴내고 나서 한 인터뷰에서 "책은 읽는 사람의 인생을 결정하기도 하고 혁명에 눈뜨게 해 주는 동기가 되기도 한다. 그런 의미에서 말하면 책은 지극히 폭력적인 미디어이지만 인간관계를 부드럽게 만들어주는 대화의 영양소가 된다는 면에서 이만한 평화로운 미디어도 따로 없다."라고 말한 것이다.

수많은 사람의 인생에 결정적인 영향을 끼치는 것이 '한 권의 책'이다. 출판계에서 43년째 일하고 있는 내 인생도 그랬다. 인생의 고비마다 책은 내 인생의 터닝 포인트를 만들어 주었다. 한 친구는 "한기호는 '밥' 이야기를 하다가도 3분 안에 '북(Book)' 이야기로 돌아간다."라고 나를 놀려댔다. 그런 나는 책이 만병통치약이라고 외치곤 했다. 인간이 겪을 수 있는 모든 고통의 해결책이 책 속에 있다고 생각한다. 이런 만병통치약을 상비해서인지 고희를 몇 년 앞둔 나이지만 평생 감기를 앓은 적 없다.

인간은 손을 잡아 주는 사람이 오직 한 사람만 있어도 절대로 삶을 포기하지 않는다고 한다. 그러나 그 한 사람마저 구하기 어려운 사람이 적지 않다. 그런 사람은 자신이 꼭 필요로 하는 책을 찾으면 된다. 서점은 온 가족이 함께 가서 무료로 즐길 수 있는 기초문화생활공간이다. 동시대인의 욕망의 거울이라고 할 수 있는 서점에서 '불규칙'하게 진열되어 있는 책들을 훑어보기만 해도 상상력이 저절로 키워진다. 수많은 사람들이 서점에서 자신의 운명을 결정적으로 바꾸는 책을 만나곤 한다.

서점보다 중요한 곳이 학교도서관이다. 학교도서관은 이미 학생들에게 맞춤한 책들로 진열되어 있다. 나는 고등학생 시절에 도서관 담당자로 활동했다. 그때 도서관 담당 교사이자 나의 삶을 혁명적으로 바꿀 수 있게 조언해 주신 은사인 이혜화 선생님은 40년간 교직에 봉직하고 퇴직하신 직후에 학교도서관의 중요성을 역설한 『책, 꽃만큼 아름답고 밥만큼 소중하다』(한국출판마케팅연구소)를 펴내셨다.

그 책에서 선생님이 강조하신 것은 크게 두 가지다. 하나는 '접근성'이다. 학교도서관은 학생들이 언제 어디서나 쉽게 접근할 수 있는 곳에 있어야 하며, 자투리 시간에 잠시 들러 잡지라도 읽을 수 있는 '쉼터'라야 한다. 다른 하나는 책의 '신선도'다. 학교도서관은 슈퍼마켓의 두부처럼 아주 신선한 신간으로 채워져야 한다. 그것만으로 될까? 우연히 학교도서관에 들른 학생들을 단골손님으로 만들기 위해서는 아이들에게 적절한 책을 골라 주면서 함께 읽어야 한다. 나아가 학교도서관은 책을 읽고 토론하는 토론장이 되어야 한다. 그런 문화에서 자라는 아이들은 자신의 인생을 행복하게 가꿀 수 있다.

학교도서관의 중요성을 절감한 나는 아이패드가 출시된 2010년에 〈학교도서관저널〉의 창간을 주도했다. 이 잡지가 올해 3월에 창간 15주년을 맞이한다. 10주년 행사는 코로나19 때문에 그냥 넘어갔다. 그러나 15주년마저 지나칠 수 없었다. 그래서 이를 기념하는 단행본을 기획했다. 그게 바로 『시절 고민, 책으로 답하다』이다.

이 책의 필자는 지난 15년 동안 〈학교도서관저널〉에 힘을 보탠 이들이다. 대체로 학교도서관에서 학생들을 만나는 이들이다. 그들은 '자신 혹은 주변 누군가의 삶에 영향을 미쳤거나, 각별한 의미가 있는 책과의 만남'에 대한 저마다의 이야기를 들려준다. 요약하면 '삶에 가장 큰 영향을 끼친 책'에 대한 이야기다. 아니 책으로 바뀐 삶이나 사람 이야기다. 47명의 필자들은 책을 만난 인생의 시점을 밝히고 있다. 그들이 선택한 인생의 시점은 5세부터 시작해 100세로 끝난다. 많은 사람이 함께 쓴 글인데도 모두 읽으니 한 사람의 인생이 파노라마처럼 지나간 듯하다.

"한 권의 책이 사람을 이어 주고, 새로운 길을 열어 주기도 한다."라고 하거나 "만나야 할 사람은 만나게 되고 읽어야 할 책은 읽게 된다."라고 한 이가 있었다. 독서운동가로 맹렬하게 살아온 이는 막강한 힘을 지닌 어떤 책은 "벼락같은 깨달음으로 행동할 용기를 주기도 한다."라고 말했다. 여섯 살 아이가 엄마의 뱃속에 있던 동생이 태어나지 못하고 하늘나라로 간 상실감과 슬픔을 그림책을 읽고 극복하면서 살아갈 힘을 얻기도 하고, 혼자라는 괴로움에 시달리던 서른아홉 살의 어떤 이는 음악가의 책을 읽고 자신의 삶을 소중하게 여기기 시작한다. 평생 일밖에 모르던 여든일곱 살 아빠가 그림책을 읽고 노인복지관 수채화반에 들어가 그림을 그리기 시작하는 모습을 보면서 아들은 개인전을 열어 드려야 하는 것이 아닌가 생각하기도 한다.

책의 '발견'은 빠를수록 좋다. 하지만 100세라고 해도 결코 늦은 것이 아니다. 우리는 인생의 고비마다 책을 만날 필요가 있다. 세상을 바라보는 안목을 키워 주는 책은 자신이 나아갈 길을 알려 주니 말이다. 그렇다면 내 삶에 가장 큰 영향을 끼친 책은 무엇일까? 나는 월간 〈학교도서관저널〉과 격주간 출판전문지 〈기획회의〉라고 생각한다. 두 잡지는 나라는 개인의 인생뿐만 아니라 수많은 인생의 길잡이라고 자부하기 때문이다. 아무쪼록 『시절 고민, 책으로 답하다』가 많은 이들에게 자신의 인생책을 찾아가는 계기가 되기를 간절히 기원한다.

한기호 출판평론가 · 〈학교도서관저널〉 발행인

차례

여는 글 5

~10대

05 아이와 같이 읽으면 마음이 부풀어 오르는 빵 그림책 · 사랑눈 17
06 소중한 존재를 하늘로 떠나보낸 어린이와 함께 읽은 책 · 전보라 22
13 만화방에서 도서관까지 · 이영주 27
14 어른의 세상에 다가가는 너에게 · 서강선 32
15 내 마음에 죽비 하나 · 조월례 38
17 자네, 과학자가 되는 것은 어떤가? · 이수민 43
18 꿈의 시작 · 박혜리 48
18 책과 함께한 성장의 시절 · 이호은 52
19 졸업하는 너에게 · 왕지윤 58

20대

20 어쩌지 못하는 너에게 · 이현애 67
25 취업의 문턱에서 고전하는 너에게 · 조수진 72
25 나의 노래는? · 이무현 79
26 '독립'에 관심을 가지다 · 박장순 84
26 정치 제대로 바라보기 · 최용훈 90
28 출판인 대신 목욕인으로 성장하다 · 김상화 95
28 뮤지컬로 접한 작품을 책으로 더 깊이 이해하다 · 최윤정 101

30대

30 보통의 끌림 · 이미화 109
30 엄마는 그냥 되는 게 아니구나 · 배수진 114
33 #게임소설 #우정소설 #사랑소설 #성장소설 #인생소설 · 권경진 119
35 두 친구와 함께 걸어갈 나의 인생길 · 신정임 124
35 나의 독서환경 이야기 · 김경숙 130
36 도서관에서 찾은 궤적 · 황왕용 136
39 뒤늦게 알게 된 것들 · 이찬미 141
39 나의 어둠을 함께한 동화 · 조지환 148

40대

40 만나야 할 사람은 만나게 되고 읽어야 할 책은 읽게 된다 · 전은경 157

40 때론 한 권의 책이 사람을 이어 주고, 새로운 길을 열어 주기도 한다
· 김순필 162

44 책이 위로가 될 수 있을까 · 이보람 167

44 독서교육을 다시 생각하다 · 권혜진 172

44 조금 더 자유로운 삶을 위해 · 김미현 176

45 여전히 반짝이고 아름다울 우리의 '오늘' · 박현주 181

45 10살 남자아이를 키우는 45살의 남자아이 · 이인문 186

49 우연한 만남, 나를 키운 책 · 배영태 191

50대

50 그녀가 내게 남긴 것 · 이선화 199

50 평생을 함께한 나의 사우 예찬 · 박사문 204

52 도서관, 내 안의 또 다른 나를 만났던 곳 · 남정미 210

53 이성의 쓸모 · 이수종 215

53 바오바브나무마을 눈빛 초롱한 어린 왕자들 · 이대건 220

54 중년이 된 여고생에게 · 조윤정 225
55 긍정의 눈으로 인생 전체를 해석하게 되다 · 권현숙 230
57 은퇴, 대교약졸의 꿈을 일깨운 책 · 박혜경 235

60대~

61 삶의 기억을 정리하는 시작점인 나이 · 김혜원 243
65 그림책과 나, 그리고 노년 · 백화현 248
70 엄마에게 새로운 도전을 · 박하비 253
72 내가 준비하는 마지막 선물 · 고정원 258
83 아버지의 목소리가 담긴 오디오북 · 김은하 263
87 아빠, 아빠가 책을 보시다니? · 이덕주 267
100 아주 조용한 하루 · 김혜진 272

책 찾아보기 277

~10대

05 "그림책 읽는 게 왜 좋아?"
"재밌고, 그냥 웃기고, 아름다워서."

06 언젠가 다시 만날 늑대에게 이후의 삶에 대한 노래를 들려줄 수 있도록 힘차게 살아가렴.

13 그토록 좋아하던 책이 있는 도서관에 물에 젖은 솜처럼 기어서 출근하는 나를 인식할 때마다 다시 엘리자베스 브라운을 불러 세워야 한다.

14 불완전함 속에서 서로 연결되고 함께 고민하며 더 나은 삶을 만들어 갈 수 있을 거라고 믿어.

15 마치 섬광처럼 '사람은 돈이 많다고 꼭 행복한 것은 아니다'라는 걸 알아 버렸다.

17 누구든 한 가지 가능성으로 '과학자(연구원)가 될 수도 있지!'라는 마음이 남았으면 좋겠다.

18 책 속에는 길이 있다고 하는데, 이런 길도 있다. 읽다 보니 떠나고 싶고, 더 자세히 알고 싶은 욕구들!

18 책을 읽고 서로 생각을 나누면서 자신만의 눈으로 보던 세상을 타인의 눈으로도 바라볼 수 있게 되었을 것이라는 점이다.

19 너의 존재감은 소리쳐서 억지를 부리는 것이 아니라 잔잔하게 다가가 마음을 녹이는 봄의 숨결을 닮아 있으니까.

05 다섯 살

아이와 같이 읽으면
마음이 부풀어 오르는
빵 그림책

누구나 살아가면서 그림책을 만나는 순간이 세 번 정도 있다고 한다. 어린 시절에 부모님이 보여 주면서 그림책을 처음 만나고, 어른이 되어서는 아이에게 그림책을 읽어 주면서 다시 만나고, 노년에 삶을 돌아보며 혼자 그림책을 읽는다는 것이다. 같은 책이라도 언제, 누구와 읽느냐에 따라 다가오는 장면도 느낌도 다를 것이다.

    지금 내가 그림책을 가장 자주 만나는 순간은 5살 아이가 잠들기 전이다. 아이는 양쪽 팔에 그림책을 잔뜩 끼고 와서는 "엄마, 오늘은 이거 읽어 주세요."라고 말하며 내 옆에 그림책을 내려놓는다. 항상 그림책을 같이 보는 친구 푸우 인형도 곁에 둔다. 일을 마치고 오면 피곤해서 어떤 날은 아이 몰래 그림책 속 주인공을 얼른 잠들게 하거나 사라지게 만들기도 하지만 내가 이 시간을 사랑하는 이유는 바로 내 아이가 좋아하는 것과 그 아이만이 가진 고유한 생각을 알게 되기 때문이다.

버지니아 사티어는 『아이는 무엇으로 자라는가』(포레스트북스)에서 아이를 씨앗에 비유했다. "어쩌면 부모의 가장 큰 숙제는 성심성의껏 씨앗을 심고 그 씨앗이 어떤 식물로 자라날 것인지 지켜보며 기다리는 것일지도 모른다. 어떤 식물이어야 한다는 고집이나 선입견을 버리고, 싹을 틔워 자라나는 식물이 그 자체로 고유하다는 사실을 인정해야 한다."

그렇게 나는 발견자가 되어 아이와 그림책을 보는 동안 5살의 씨앗을 곰곰이 관찰한다. 아이는 무슨 그림책을, 어떻게 읽을까? 자주 가져오는 그림책을 보면 '먹는 것'에 관한 책이 많다. 아이는 일상에서도 새로운 음식이 나오면 무슨 맛인지 궁금해하고, 직접 맛을 보고, 만들어 보는 것을 좋아한다. 요즘에는 '빵'에 푹 빠져 있다. 같은 책을 여러 번 보아도 매번 새로워하는 우리 집 5살 아이가 잊을 만하면 가져오는 빵 그림책 세 권이 있다.

『빵이 빵 터질까』(이춘영, 웅진주니어)는 빵이 부풀어 오르는 원리를 알려 주는 과학 지식 그림책인데, 특히 빵을 만드는 과정이 생생하게 그려져 있다. 실제로 빵을 만드는 분도 이 책을 보고 정말 단계가 잘 설명되어 있다고 이야기하셨다. 이 책을 볼 때 아이는 마치 제빵사가 된 것처럼 이불을 밀가루 삼아 반죽하고, 좋아하는 빵이 만들어지는 모습을 떠올린다.

『탄 빵』(이나래, 반달)은 표지부터 남다르고, 노란 빵 봉투에 담겨 나왔던 그림책이다. 동물들이 모여 각자의 빵을 토스트기에 넣고 굽는데 거북이의 빵이 까맣게 타버렸다. 다른 친구들은 자기 빵을 여섯 조각으로 잘라 접시에 골고루 담았는데 어떻게 해야 할까? 따스한 결말과 식빵을 떠올리게 하는 판형이 돋보이는 창작 그림책이다. 아이가 재밌어하는 건 바로 '똑딱똑딱' 타이머 소리가 끝나면 토스트 기계에서 빵이 '톡' 튀어나오는 장면이었다. 아이는 아직 한글을 모르지만 글자가 많지 않은 그림책의 소리와 그림을 기억하곤 하는데, 『탄 빵』도 여러 번 읽어 주었더니 나중에는 아이가 우리에게 그림책을 읽어 주기도 했다.

『제빵사 월터 아저씨』(에릭 칼, 시공주니어)는 우유 대신 물로 빵을 만드는 바람에 벌어진 이야기가 담긴 그림책이다. '아주아주 배고픈 애벌레' 시리즈로 유명한 그림책 작가 에릭 칼은 할머니가 들려주던 옛이야기와 어릴 적 삼촌이 운영했던 빵집에 대한 기억으로 이야기를 만들었다고 한다. 이 책을 읽어 줄 때는 내가 더 즐거워했다. 다만 이 그림책을 읽고 나면 한밤중에도 꼭 배가 고파지곤 했다. 빵과 빵 그림책을 좋아하는 아이 덕분에 우리 집에는 빵과 관련된 책이 차곡차곡 쌓여 가고 있다.

어느 날은 매일 밤 그림책을 가져오는 아이에게 물었다.

그림책 읽는 게 왜 좋아?
재밌고, 그냥 웃기고, 아름다워서.

아름다워서라는 답은 예상하지 못했다. 무엇이 아름답다는 것일까? 내게 묻는다면 나는 그림책을 통해 아이와 만나는 이 시간이 아름답다고 말하고 싶다. 누군가를 알아가는 방법은 여러 가지가 있다. 무엇을 좋아하는지 직접 물어볼 수도 있고, 자주 시간을 보내는 일을 살펴볼 수도 있다. 5살 딸을 키우는 나는 아이가 보는 책을 통해 내 아이를 발견한다. 그런 이해를 바탕으로 아이가 뭘 좋아하는지, 어떤 방식으로 읽는지, 어떤 지점에서 울고 웃는지를 알게 된다. 그처럼

아이를 만나면서 나도 내 아이가 좋아하는 그림책을 점점 같이 사랑하고 있다. 빵이 효모를 통해 부풀어 오르듯, 나와 아이의 사랑도 그림책과 함께하는 시간을 통해 봉긋한 모양으로 익어 간다.

사랑눈『그림책 레시피』저자

06 여섯 살

소중한 존재를 하늘로 떠나보낸 어린이와 함께 읽은 책

태어나 처음으로 이별을 경험한 동희에게

동희야, 네가 태어난 지 60개월이 되었을 때 엄마와 아빠는 네 동생이 생겼다고 소식을 알렸었지. "6살 여름에는 동희 동생이 태어날 거야. 살랑살랑 따뜻한 봄바람이 불어오면 엄마 손을 잡고 병원에 가자. 동생이 쿵쾅쿵쾅 힘찬 심장 소리로 우리를 반겨 줄 거야."

동희 넌 젤리곰처럼 작게 나온 아기 초음파 사진을 보고 또 보며 태명을 지을 궁리를 했어. 그 작은 머리로 한참을 고민하다가 "내가 곰곰이였으니까 동생 이름은 곰솜이야."라고 말하며 태명을 지어 주었지. 그날부터 우리 가족은 배 속 아가를 '곰솜이'라고 불렀어. 그 누구보다 동생의 존재를 반가워하며 기다렸던 동희는 유치원 셔틀버스를 타기 전에는 "곰솜아, 언니 유치원 다녀올게."라고, 맛있는 음식을 먹을 때는 "곰솜아, 이 고구마 맛탕 정말 맛있는데 태어나면 같이 먹자."라고 다정한 말을 엄마 배에 대고 속삭였어. 그리고 동희는 알고 지내는 모든 사람들에게 "제 동생이 6월에 태어나요."라고 말하며 동생의 존재를 알리고 기쁨을 나누었지. 동희가 유치원 선생님과 친구들, 피아노 선생님, 놀이터에서 만난 친구의 엄마에게도 동생이 생겼다고 알린 덕분에 엄마는 축하를 많이 받았단다. 동희 넌 집 밖에서는 부지런히 동생의 존재를 알렸고, 집에서는 또 다시 작명가가 되어 태어날 동생의 이름을 지었어. "동생은 여름에 태어나니까 이름은 여름이가 좋겠어, 허여름!" 엄마와 아빠는 곰솜이를 향한 동희의 부지런한 사랑을 지켜보며 행복했단다.

우리 가족의 기쁨과 행복이 곰솜이의 탄생으로 이어졌으면 더없이 좋았을 텐데, 2023년 1월 1일에 엄마는 열이 많이 났고 결국 동생은 하늘나라로 가야했지. 힘찬 심장 소리로 존재를 알리던 작고 작은 곰솜이를 하늘로 보내고, 집에 돌아와 동희에게 슬픈 소식을 전할 때 엄마 마음이 많이 무거웠어. "곰솜이는 하늘나라에 갔지만, 아빠가 하늘에서 동생별을 따올게. 우리 가족은 곰솜이와 다시 만날 수 있을 거야. 그러니 우리 동희 너무 속상해하지 말고, 조금만 더 힘내며 기다려 줘."라고 아빠가 말할 때 "응, 기다릴게."라고 답하며 씩씩하게 슬픔 속에서 나와 줘서 고마워. 어린 동희가 상실감과 슬픔 속에서 오래 머물러 있을까 봐 걱정했어.

동희와 엄마가 슬픔으로 가라앉아 있을 때 함께 읽은 『**네가 사라진 날**』(산드라 디크만, 요요)이란 그림책 기억나니? 엄마는 동희가 애도의 시간을 보내며, 단단해지길 바라는 마음으로 그림책을 준비했어. 태어나서 처음으로 이별과 상실의 감정을 느꼈을 동희가 위안을 얻기를

바라며 잠자리에서 책을 꺼냈지. 누구나 살다 보면 소중한 존재가 곁을 떠나는 일을 겪게 되는데, 책 속 주인공인 여우도 아름다운 날들을 함께 보내던 친구를 떠나보내. 매일 웃고 헤엄치며 추억을 만들던 늑대가 갑자기 하늘의 별이 되었으니 여우는 얼마나 놀랐을까? 여우의 마음에는 동희와 엄마가 느꼈을 상실감, 슬픔이 흘렀을 거야. 여우는 하늘의 별이 된 늑대에게 최대한 가까이 다가가려고 높은 산에 올라가 울부짖어. "늑대야! 도대체 어디에 있는 거야?" 여우의 외침만 가득한 이 장면을 읽을 때 자꾸 눈물이 나서 참느라 혼났어. 엄마의 눈물이 동희에게 전염될까 봐 슬픔을 꾹 눌러가며 한 문장, 한 문장 천천히 읽었지. 침묵 속에서 크게 외치던 여우가 하늘에서 빛나던 별담요를 끌어내려 세상을 어둠으로 만들고 웅크리고 있을 때 우리 동희를 안아 주듯 여우를 꼭 껴안아 주고 싶었어. 다행히 여우는 별담요 속에서 늑대의 대답을 기다리다가 더 이상 늑대를 부르지 않기로 결심하고 일어서지. 늑대가 영영 돌아오지 않을 거라는 걸 마음 깊은 곳에서 느꼈거든. 여우는 홀로 슬픔의 시간을 보내며 늑대가 했던 마지막 말을 떠올려. "그래 삶은 정말 아름다워." 여우는 늑대가 자기 곁을 떠났지만 늑대와 함께했던 행복한 시간들이 남아 있음을 깨달아. 그리고 그 순간을 떠올리며 살아갈 힘을 얻지.

여우가 슬픔을 딛고 일어서는 장면을 보며 눈앞에서 사라진다고 마음에서 사라지는 게 아니라는 것, 함께한 추억을 가슴에 안고 나의 생을 묵묵히 살아가는 것 또한 사라진 그것을 위한 마지막 선물이라는 것을 배웠을 거야. 앞으로 크고 작은 상실과 이별이 찾아올 때 우리 동희 곁의 늑대는 누구인지 떠올려 보고, 그 늑대가 우리 동희의 행복을 그 누구보다 바라고 있다는 사실을 기억하면 좋겠다. 경험이 있든 없든 이별을 받아들이며 슬픔을 딛고 일어서는 일은 어렵지만, 행복했던 순간들을 삶의 동력으로 삼아 살아가기를 바란다. 엄마는 우리 동희가 여우처럼 너무 오래 웅크리고 있지 않기를 원하지만 슬픔을 내려놓기 힘들다면 여우가 그랬던 것처럼 충분히 슬퍼하고, 충분히 괜찮아졌을 때 앞으로 나아가도 괜찮아. 언젠가 다시 만날 늑대에게 이후의 삶에 대한 노래를 들려줄 수 있도록 힘차게 살아가렴. 엄마는 네가 단단한 사람으로 씩씩하게 살아갈 수 있도록 늘 곁에서 지지하고 응원할게.

매일 동희와 함께 아름다운 추억을 쌓아 가고 싶은 엄마가

전보라 서울 신목고 사서교사

13 열세 살

만화방에서
도서관까지

스물여섯에 학교도서관 근무를 처음 시작하며 만난 어린이책은 신세계였다. 하루하루 울창하고 거대한 숲에서 어린이책이라는 경이로운 보물을 발견하는 나날이었다. 그 보물은 인생에서 받은 큰 선물 중 하나이다. 어린이책을 만나며 학창 시절부터 근대교육에 찌든 오래된 고정관념을 조금씩 내려놓게 되었다. 어린이책을 만나지 못했다면 지금보다 훨씬 더 꼰대 어른이 되었을 거다. 그때 도서관에서 만난 『**도서관**』(사라 스튜어트, 시공주니어)이라는 그림책은 순수한 몰입과 기쁨이 있던 한 시절의 기억을 불러왔다.

딱지 따먹기를 할 때 딴 아이가 내 것을 치려고 할 때 가슴이 조마조마하다. 딱지가 홀딱 넘어갈 때 나는 내가 넘어가는 것 같다.

-강원 사북 초등 4학년 **강원식**, 「딱지 따먹기」, 『딱지 따먹기』

    열세 살 무렵 만화책에 흠뻑 빠져 있던 나는 주인공이 절망할 때 딱지가 홀딱 넘어가듯 내가 뒤집히는 것 같이 몰입했었다. 나와 나를 둘러싼 세상은 흔적도 없이 사라지고 오로지 책 속의 세상만 존재하는 순간이었다. '그 시절 나는 참 걱정 없이 행복했구나.'라는 생각이 든다. 어찌나 만화책이 재미있었는지 집에서 만화방까지 꽤 먼 거리를 걸어 다니면서도 만화책 볼 생각에 하나도 힘들지 않았다. 넉넉하지 않은 용돈을 아껴서 보는, 권당 백 원 정도 하는 만화책을 한 장 한 장 어찌나 아끼며 읽었던지…. 뒤에 얼마나 남았나 재며 읽는 지금과 비교하지 않을 수 없다. 뿌연 담배 연기가 자욱한 만화방 공기마저 추억이다.

    "그 책 다 읽고 저 주세요."

    내가 읽고 있는 시리즈의 책을 다른 아이가 읽고 있으면 순서를 찜하면서 친구가 되었다. 그 만화방에서 만났던 친구들과는 절친이 되었다. 〈윙크〉, 〈나나〉, 〈하이센스〉 같은 월간 만화 잡지도 구독해 친구들과 돌려가며 학교에서 몰래 읽는 재미와 쌓여 가는 우정!

    중학교에 올라가며 자연스럽게 만화책 덕후에서 추리소설 덕후로 옮겨 갔고, 집에서 더 먼 공공도서관까지 추리소설을 빌리러 다녔다. 그때도 만화책을 함께 읽던 친구들 중 일부가 함께 추리소설 덕후로 자리매김했다. 도서관에서 책을 대출해서 집으로 돌아가는 길거리에서 먹던 어묵과 국물 맛, 그리고 도서관 자판기에서 뽑아 먹던 율무차와 코코아 맛은 지금도 잊지 못한다. 지금 생각하면 14살 소녀가 보기에 정말 야하고 잔인한 장면도 많은 소설책을 전혀 거리낌 없이 빌려준 사서선생님께 감사드린다. 그 나이여서 시드니 셀던, 애거사 크리스틴, 루팡과 홈즈 시리즈를 읽으며 숨이 꼴딱꼴딱 넘어가고 심장이 쫄깃해지는 긴박함과 재미에 더 사로잡혔으리라.

    이후 입시에 대한 은근한 분위기와 불안함으로 책에 몰입도 못하고 공부도 못하는 이중고에 시달리며 책 읽기의 즐거움을 놓쳤다. 지금 나는 어떤 책을 읽어도 그때 그 시절만큼 몰입하지 못하고 재미를 느끼지 못한다. 책의 문제가 아니라 나의 문제이다. 나이는 핑계겠지만 어찌나 신경 써야 할 것이 많은지… 책임지고 처리해야 할 일들과 놓지 못한 산더미 같은 걱정들로 늘 산만하고 무엇 하나 제대로 집중하지 못한다.

 만화방 주인이 되어 원 없이 만화책을 읽고 싶었던 소녀는 학교도서관 사서선생님이 되었다. 『도서관』의 주인공인 엘리자베스 브라운은 깡마르고, 눈은 나쁘고, 수줍음도 많지만 책을 정말 좋아하는 아이였다. 좋아하는 책을 평생 마음껏 읽으며 즐거움을 누린 사람이다. 평생 그 많은 책을 읽고 성공하지도 않고 작가가 되지도 않는다. 누군가를 가르치려 들거나 교훈을 주려고 애쓰지도 않았다. 평생 무언가를 몰입해서 좋아하고 사랑할 수 있는 마음. 또 그걸 누릴 수 있는 삶. 이보다 풍요로운 삶이 있을까.

 『도서관』을 볼 때마다 '딱지가 넘어가듯' 몰입했던 어린 시절의 내가 떠오른다. 다시 그때의 즐거움과 몰입감을 느껴보고 싶다. 좋아하는 걸 마음껏 좋아하며 누릴 수 있다면 그보다 부자가 있을까. "어린 아이와 같지 아니하면 천국에 들어갈 수 없다."라는 성경 말씀이 순수한 몰입을 뜻하는 건 아닐까? 좋아하는 걸 순수하게 즐기는 순간 자체는 이미 천국이다.

그토록 좋아하던 책이 있는 도서관에 물에 젖은 솜처럼 기어서 출근하는 나를 인식할 때마다 다시 엘리자베스 브라운을 불러 세워야 한다. 뽀빠이가 시금치를 찾듯이, 엘리자베스 브라운을 찾아야 한다. 실제로 가끔 배터리 충전하듯 『도서관』을 보고 나면 사회 시스템의 톱니바퀴 중 하나로서 점점 무거워지던 내가 가볍고 즐거워진다. 책 한 권이 가지는 힘이 이렇게 크다.

아이들에게 학교도서관에서 독서로 문해력과 사고력이 향상되어야 한다고 말하기 이전에 순수한 몰입의 즐거움을 맛보게 하고 싶다. 그것만이 통통통 가볍고 즐겁게 학교도서관에 오게 하는 힘이기 때문이다.

이영주 서울구산초 사서교사

14 열네 살

어른의 세상에
다가가는 너에게

나의 자아는 자꾸 분열된다. 중학교 2학년을 가르치며 중학교 2학년이 되는 너를 키우다 보니 그런가 보다. 학생들과 내가 쌓은 시간이 너와 쌓은 시간과 비교되거든. 아침에도 말했지만, 엄마가 선생님이라 좀 미안해. 학생들도, 너도 멋진 어른으로 자라기를 바라는 마음은 같아. 하지만 사람을 키우는 일에 정답이 없으니 항상 갈팡질팡한다. 어떤 선생님이 말했지, 교사는 평생 자신의 학창 시절을 곱씹는다고. 거기에 더해 자신의 육아에 관해서도 계속 되새김질하게 된다. 교사로 경력이 쌓이고 네가 커 가면서 더 단단해지는 나를 발견할 줄 알았는데, 굳은 심지 따위는 생기지 않더라. 완벽해지려 애쓸수록 걱정은 커지며 불안하게 매달린 극단의 균형추 사이에서 흔들릴 뿐이야. 완벽하지 않음을 받아들이고 너와 더 솔직히 이야기 나누면, 우리는 더 가까워질 수 있을까?

엄마가 어렸을 때는 두 살 아래부터 다섯 살 위까지 아이들과 다 같이 자전거를 타고 폭주족처럼 동네를 떠돌았어. TV에 너무 가까이 다가가 앉았다가 뒤통수를 맞기 일쑤였고 말이지. 이제는 2010년대에 태어난 디지털 세대를 키우고 있네. 그때의 우리와 다른 방식으로 연결되고, 다른 삶을 살게 될 학생들과 너에게 무엇을 어디까지 이야기해 줄 수 있을지 혼란스럽다. 사실 사춘기를 통과하느라 바쁜 아이들 사이에서 제정신을 유지하면서 자리를 지키는 것도 어렵고, 나중에 후회하지 않게 삶의 단계를 밟아 가도록 조언을 건네는 것은 더 어려워. 내가 하는 말이 당연하지만 꼰대 취급당할까 두렵기도 하고, 부정적 감정을 건드려 반항이나 싸움으로 번질까 싶어 망설이기도 해.

부모님들을 만나 보면 대부분 고민이 비슷해. 아이에게 무엇을, 어떻게 가르쳐야 하는지 부모들도 잘 몰라. 아이와 가정에서 즐겁게 시간을 보내지만, 정작 짜증을 내거나 화를 내는 방법은 가르치지 못해. 거꾸로 아이와 싸우느라 나중에는 대화가 단절되는 경우도 있지. 자신이 공부해서 대학 가는 것이 전부인 줄 알고 자란 것이 서러워서, 아이들이 스트레스를 받지 않도록 더 자유롭게 키우고 싶어 하는 부모는 많아. 하지만 남들 다 가는 학원에 안 보내면 혹시나 아이가 뒤처질까 두려워한 나머지 학교는 빠지더라도 학원은 가야 한다고 생각하는 부모도 있어. 아이의 모든 순간이 중요하고, 부모로서 모든 선택이 아이의 미래에 결정적인 영향을 미칠 것처럼 느껴지거든. 그러다 보니 부모들은 과잉보호와 방임 사이에서 두리번거리게 되는 거야. 물론 나도 부모님들과 만날 때마다 이 고민을 마주해. 아이들에게 자유를 주되 책임을 가르쳐야 한다고 말하지만, 정작 내가 너를 키우며 얼마나 자유를 주고 있는지, 얼마나 책임감을 심어 주고 있는지 확신할 수 없다. 너희 나이엔 부모의 간섭이 잔소리처럼 들릴 테고, 교사의 충고는 부당한 간섭으로 느껴질 때가 많다는 걸 이해하기는 해. 하지만 속으로는 어른들의 관심과 지지를 원한다는 것도 알고는 있어. 어른들로서는 밀당의 고수가 되어야 할 수밖에 없는 현실인 거지.

  너무 관심을 주지 않으면서, 호감은 느끼면서, 대놓고 드러내지 않는 방식으로. 알아야 할 것들도 가르치고 느껴야 할 것도 알려 주는 것이 얼마나 어려운지 모르지? 따뜻한 마음으로 사람들과 연대하며 불의를 향해 목소리를 낼 수 있는 사람으로 자라나기를 바라는 건 너무 욕심일까? 그러면서도 즐거움이나 자유와 사유를 모두 즐기는 사람이면 더욱 좋겠다. 하루는 돌아보다가 너와 대화하며 보내는 시간이 너무 짧지는 않았나 싶고, 아까 그 말은 왜 했을까 후회하기도 해. 다른 사람들은 아이가 크는 게 아깝다고 하던데, 난 네가 빨리 크면 좋겠다. 들판의 잡초도 혼자서는 자라날 수 없는데, 내 아이는 그냥 그렇게 짠하고 자라면 좋겠더라.

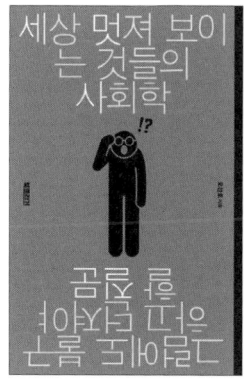

결국 이렇게 흔들리며 고민하고 언제나 정답이 없다는 사실을 알려 주는 방법밖에는 없나 봐. 심지어 사회마저도 완벽하지 않고, 세

상도 단순하지 않잖아. 그래서 어느새 열네 살이나 되어 버려 어른의 세상에 다가서는 너에게 내밀 책은 『**세상 멋져 보이는 것들의 사회학**』(오찬호, 북트리거)으로 정했다. 너에게 부조리한 어른들의 세상을 보여 주는 것은 부담스럽지만, 그렇다고 사회의 고민에 응답하지 않는 사람으로 자라는 것도 싫다. 넌 이제 발전으로 포장된 나라에 존재하는 불평등, 과학 발전으로 인해 생긴 어둠, 불안과 불편을 견디지 못하는 사람들의 슬픔, 잘 살기 위한 노력이 망치고 있는 것에 대한 분노 같은 것을 알게 되겠지. 우리는 완벽하지 않은 세상에서 완벽하지 않은 사람으로 살아가고 있어. 하지만 그 불완전함 속에서 서로 연결되고 함께 고민하며 더 나은 삶을 만들어 갈 수 있을 거라고 믿어. 결국, 우리의 세상을 함께 만들어 갈 사람으로 성장하는 너의 모습을 응원하며, 이 책이 그 여정에 작은 도움이 되길 바라.

서강선 부천 소사중 과학교사

● 함께 읽으면 좋을 책

『그래서... 이런 말이 생겼습니다』 금정연, 북트리거
신조어와 밈 안에는 어떤 폭력이 숨어 있을까. 무심코 던진 돌에 개구리가 죽는 것처럼, 유행어를 아무렇게나 남발해 무기를 휘두르는 효과를 내서는 안 된다. 존버, 인싸, 뇌피셜, 워라밸 등의 단어를 낳은 우리 관계와 사회를 돌아보게 될 것이다.

『페이크와 팩트』 데이비드 로버트 그라임스, 디플롯
산산이 흩어진 정보의 홍수 사이에서 거짓과 선동에 당하지 않기 위해서 무엇을 살피고 경계해야 할까? 그저 멋져 보이는 말들에 속지 않고 단단하면서도 구부러질 줄 아는 나를 만들기 위한 발걸음들.

『우리는 조금 더 다정해도 됩니다』 김민섭, 어크로스
사실은 그렇지 못한 세상에서, 다정함을 외치는 작가의 어쩐지 찌질하지만 따뜻한 이야기들. 호칭이 아닌 이름으로 불리며, 착하고 다정한 말을 건네며 조금씩 세상을 바꾸어 가는 어른으로 자라 주기를 바라며 건네는 책.

『에너미 마인』 배리 B. 롱이어, 허블
고전 SF. 아무런 단서 없이 읽으면 좋겠다. 귀엽고, 열받고, 뭉클했다가, 다시 웃게 되는 이야기다. 어른이 된다는 것은 자립하는 일이다. 하지만 복잡한 인간관계 속 진정한 자립은 혼자 할 수 없다는 것이 아이러니다. 뻔하지만 뻔하지 않은 소설.

15 열다섯 살

내 마음에
죽비 하나

지금은 개발되어 옛 흔적은 전혀 남아 있지 않은 부천의 어느 시골 마을에서 청소년기에 들어서고 있던 때이다. 당시 '벌응절리'라고 불리던 그 마을에는 매년 1월이 되면 만신 할머니가 동네 부잣집에 자리를 잡고 한 달쯤 머물렀다. 그러면 마을 사람들이 일 년 운세를 보기 위해 차례를 정해 그 만신 할머니를 만나러 갔다. 돈이 넉넉하지 않던 때라 저마다 아끼는 물건이나 쌀 등을 바리바리 가져가서 복채로 내놓았다. 만신 할머니는 마을 사람들의 운세를 봐주고 나면 짐꾼 몇을 불러서 받은 복채를 싸들고 가곤 했다.

어느 날 우리 집 옆집의 옆집에 꽤 도시적이고 이지적이며 말 수가 적은 남자가 이사를 왔다. 머리를 한쪽으로 약간 삐딱하게 하고 다녀서 마을의 젊은 엄마들은 그를 삐뚜름하다는 뜻으로 '쭉때기'라고 불렀다. 50대 초반쯤이었을 쭉때기 아저씨는 가족 없이 혼자서 양계장을 한다고 했다.

30대 후반을 지나고 있는 엄마와 또래 아줌마들은 호기심이 폭발했다. 저녁마다 우리 집에 모여 그 아저씨에 대한 정체와 새로운 소식으로 온갖 소설을 쓰느라 밤새는 줄을 몰랐다. 호기심을 촉발시킨 요인은 쭉때기 아저씨를 따라온 여자였다. 그녀는 약간 뚱뚱하고 얼굴이 하얬고 그 마을의 보통 아줌마들과는 다른 도시스러운 면이 있었다. 그녀는 쭉때기 아저씨의 밥을 해 주고 빨래를 해 주는, 당시 말로 하면 식모였다. 식모라고 하기에는 너무 잘 차려입고 화장을 잘 한 편이었고, 쭉때기 아저씨와 나이가 비슷하거나 몇 살이 많아 보인다는 점이 동네 아줌마들의 호기심을 자극한 것이다. 밤중에 여자가 남자 방으로 갔다더라, 남자가 먼저 갔다더라 하면서 밤늦도록 갖가지 말들을 만들어 내곤 했다.

쭉때기 아저씨가 사는 집은 오래된 한옥집으로, 가운데 대청마루를 두고 마주보는 양쪽에 방이 한 칸씩 있는 구조였다. 그 아저씨와 아줌마는 각자 이쪽 방 저쪽 방을 쓰고 있었다. 넘어가고 넘어오는 일이 그리 어렵지 않았을 것이다. 동네 아줌마들은 날이면 날마다 그 쭉때기 아저씨네 집에 관련된 일이라면 아주 사소한 일까지 가져와 온갖 상상력을 동원하여 소설을 썼다. 티브이도 전화도 없던 시절에 시골 마을로 온 낯선 인물들이었고, 그들이 마을 사람들과 잘 어울리지 않아서 더더욱 궁금증을 자아냈다.

어느 날 엄마가 그 쭉때기 아저씨네 집에 볼 일이 있다고 했다. 나는 엄마 치마꼬리를 잡고 따라갔다. 엄마는 쭉때기 아저씨를 만나서 무슨 이야기를 했는데, 그러면서 무엇인가 염탐했을 듯하다. 나도 그 집을 둘러봤는데, 대청마루에 조그만 책장이 있었다. 책장에는 몇 십 권의 책이 꽂혀 있었는데, 대체로 문고판이었다. 당시에 내겐 읽을거리가 부족한 편이었고, 굴러다니는 종이 쪼가리에 글자라도 적혀 있으면 무엇이든 주워 읽곤 하던 때였다. 그래서 책장을 들여다보며 호기심을 보였는데, 언제 왔는지 쭉때기 아저씨가 말했다.

"책 좋아하는구나? 한 권 줄까?"

아저씨는 책장을 살피더니 얇은 문고판 한 권을 꺼내서 내게 주었다. 존 스타인벡의 『**진주**』(문예출판사)였다. 그때는 그 책의 작가가 그토록 유명한 소설가라는 사실을 전혀 알지 못한 채, 그날로 그 책을 다 읽어 버렸다. 바닷가에서 그날그날 물고기를 잡으며 살아가는 가난한 어부가 어느 날 바다에서 커다란 진주를 건져 올렸다. 그 이후 어부는 잇따르는 불행을 겪는다. 결국 어부는 다시 바다 한가운데로 나가서 진주를 던져 버리고, 스스로 가난을 선택하고 일상의 소박한 행복을 누린다는 내용이다.

내 나이 열다섯 살쯤이었던 그때, 우리 집은 찢어지게 가난하여 끼니를 걱정하며 살아야 했었는데도 불구하고 『진주』를 읽으면서 마치 섬광처럼 '사람은 돈이 많다고 꼭 행복한 것은 아니다'라는 걸 알아 버렸다. 물론 그 이후 내가 모든 욕심으로부터 자유로워진 것은 아니다. 그럼에도 『진주』는 내 마음의 죽비가 되어 주었고, 무엇보다 내 책 읽기의 시발점이 되었다.

　살아오면서 종종 쭉때기 아저씨와 그 아줌마와 좁은 단칸방에서 호기심 작렬하던 엄마의 친구들이 궁금해지곤 했다. 그때 엄마의 나이가 서른아홉이었다. 모든 면에서 욕심이 폭발하는 세상의 서른아홉들이 그 책과 비슷한 의미를 품은 미야자와 겐지의 『**비에도 지지 않고**』(그림책공작소)를 함께 읽는다면 흔들리는 마음이 잦아들 수도 있을 듯하다.

조월례 아동도서평론가

17 열일곱 살

자네, 과학자가 되는 것은 어떤가?

- 공부가 너무 재밌는데 내가 좋아하는 과목만 잘하고, 다른 과목은 흥미가 없는 학생
- 과학 공부는 너무 재밌는데 시험 성적은 그만큼 따라 주지 않는 학생
- 내가 좋아하는 과목이나 분야가 비인기 분야라 진로희망을 이야기할 때마다 괜히 자신 없는 학생
- 궁금한 것은 알아낼 때까지 검색을 멈추지 않고, 공부할 때는 궁금한 것이 너무 많아 진도가 안 나가는 학생
- 과학자가 되고 싶지만 취업은 되겠냐며 부모님의 잔소리를 듣는 학생
- 수학, 과학이 좋을 뿐인데 성적이 좋아서 의대 가라는 성화가 부담스러운 학생
- 친구들에게 과학 덕후로 불리는 학생

우리 반 학생 중 위에 해당하는 학생이 있다면, 상담 때 운을 띄워 본다. "연구원도 잘 맞을 것 같은데~" 이런 학생 중에는 어릴 때부터 과

학을 좋아했거나, 과학자가 꿈이었던 아이가 많다. 하지만 고등학생 정도 되면 이미 그 분야의 현실적인 고민들도 알아서 "그 학과 가면 취업 안 되지 않아요?" "교수 되려면 더 좋은 대학 가야 되지 않아요?" "그 학과는 대학원이 필수라던데…" "연구원은 연봉이 적지 않나요?" 등 걱정 섞인 질문이 더 많이 돌아온다.

이렇게 직업인으로서 과학자가 궁금한 학생들에게 추천하는 책이 바로 『**과학자가 되는 방법**』(남궁석, 이김)이다. 동료 선생님 중에는 담당 반에서 이공계로 진학할 것 같거나, 연구원으로서 자질을 갖춘 학생들을 모아 매년 이 책을 함께 읽는 선생님도 계신다. 그 반에서 "『**과학자가 되는 방법**』 읽어 보지 않을래?"라는 말을 들었다면 이공계 적성을 인정받은 것으로 통하고 있을 정도다.

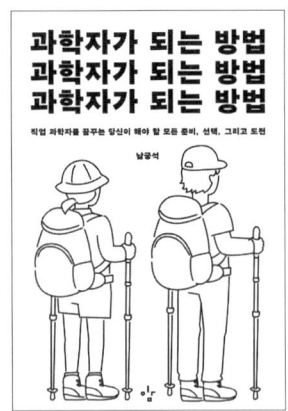

매체와 정보가 다양해지면서 학생들이 여러 직업과 진로에 대해 접근할 수 있게 되었다고는 하지만 여전히 초등학생과 중학생의 장래희망 상위권은 스포츠 선수, 웹툰 작가, 유튜버, 의사, 선생님 등 생활 속에서 쉽게 접할 수 있는 직업이 주를 이룬다. 어른들조차 친한 지인이 없는 이상 특정 진로의 구체적인 과정이나 직업적 특성은 잘 알지 못한다. 그래서 부모님이 직업에 대한 질문에 답해 주는 것은 불가능하고, 가야 할 길이 모호할수록 나이가 들면서 두려움이 커진다. 특히 우리 생활에서 직접 만날 수 없는 직업들은 더욱 그렇다. 어쩌면 과학자도 마찬가지인 것 같다. 요즘에는 TV나 유튜브에서 활동하는 과학자들이 많아졌지만, 여전히 대중에 비치는 그들의 모습은 부업일 뿐이다. 교수나 연구원이 되기까지의 과정이나 실제 본업에 대해서 직접 노출되는 경우는 드물고, 우리는 이미 유명해진 그들의 성공적인 결과만 보게 될 때가 더 많다.

나는 과학교사라 이공계 진로에 관심이 많은 학생들의 진로 상담을 할 때가 많다. 그래서 자연과학대학에 가면 어떤 직업을 갖게 되느냐는 질문을 많이 받는다. 그때 해 줄 수 있는 대답은 주로 통칭하여 '연구원'이다. 그런데 막상 연구원이 되는 과정에 대해서 구체적으로 알려 줄 수 있는 게 없었다. 주변에 학계나 기업에서 과학자의 길을 걷고 있는 친구들이 종종 있지만, 각자 살기 바빠 누구 결혼식이나 송년회에서만 띄엄띄엄 만나다 보니 그들이 정확히 어떤 과정을 거쳐 과학자(연구원 또는 교수)가 되었는지 구체적으로 알지 못했다. 때로는 그들이 한 분야에서 아무도 모르는 답을 찾는 공부를 몇 년씩 하는 모습이 대단해 보였다. 또한 자기 연구에 대한 자부심이 비칠 때, 평일 저녁 약속에 자유로운 복장을 하고 학생 같은 모습으로 나타날 때, 세미나에 참석하려고 외국에 간다고 할 때는 부럽기도 했다.

과학자가 된다는 건 어떤 것인지, 연구원이라는 직업을 갖는다는 것은 어떤 삶을 의미하는지 알게 해 준 책이 **『과학자가 되는 방법』**이었다. 그리고 **『천문학자는 별을 보지 않는다』**(심채경, 문학동네)를 통해 기업에서 잘 불러 주지 않을 것만 같은 순수 과학을 연구하는 과학자들의 삶을 더욱 애정 있게 보게 되었다.

가고 싶은 학과를 적을 때마다, 이 학과는 좋지만 좋은 대학에 갈 수 있을지, 좋은 직장을 가질 수 있을지 고민하는 학생들이 있다. 그들에게 이 두 권의 책으로 과학자의 진로를 보여 주고 싶다. **『과학자**

가 되는 방법』을 읽고 나면 '과학자, 생각보다 괜찮네'라는 생각이 들 수도 있고, '어느 직업이나 어려움은 있지' 싶을 수도 있고, '생각보다 어렵지만 내 성격에는 나쁘지 않을지도?'라는 생각이 들 수도 있다. 『**천문학자는 별을 보지 않는다**』를 읽고 내가 좋아하는 분야를 나만큼 좋아하는 사람들과 협력하며 계속할 수 있는 직업으로 여기고, 나도 이 분야의 발전에 한몫할 수도 있겠다는 매력을 알게 되길 바란다. 그래서 과학이나 공학을 좋아하는 학생이라면 누구든 한 가지 가능성으로 '과학자(연구원)가 될 수도 있지!'라는 마음이 남았으면 좋겠다.

이수민 서울 현대고 과학교사

18 열여덟 살

꿈의 시작

나는 어린 시절부터 이집트 문화에 관심이 많았던 터라, 이집트 문화와 관련된 전시회 소식을 들으면 엄마와 함께 전시회를 찾아갔었다. 그리고 그 시대 아이들이 있는 집이라면 꼭 존재했던 백과사전을 들추며 목말라 있던 궁금증을 해소시키곤 했다. 그러한 유년 시절을 보내서 그런지, 고등학생이 되어서도 공부보다 책을 읽으며 낭만을 꿈꾸는 것에 더 집중했다. 당시 선생님 중에서 가장 좋아했던 프랑스어 선생님이 수업 시간에 역사를 좋아한다고 했을 때, 나 역시 역사를 좋아한다고 했다. 그 말이 인연이 되어 선생님은 본인이 갖고 있던 역사 서적을 빌려 주었다. 그 계기로 나는 공부보다 책을 더 좋아하게 되었고 열심히 읽기 시작했다.

고등학교 2학년 때 흥미를 갖고 접했던 책이 크리스티앙 자크의 『**람세스**』(문학동네)다. 처음으로 소설이 이렇게 재미있다는 것을 깨달았다. 람세스 2세 통치 당시 이집트 문화의 세부 묘사, 감수성 풍부한 여고생의 말초신경을 자극하는 람세스 2세와 네페르타리의 진실한 사랑, 이집트의 황금시대를 이끌었던 람세스 2세의 통치 및 처세술 등 책을 읽는 동안 나는 람세스 2세와 사랑에 빠져 환상적인 시간을 보냈다. 그때 같은 반 친구 한 명도 이집트 역사에 관심이 많았는데, 우리는 함께 꿈을 꿨다. 대학생이 되면 이집트에 가서 람세스 2세 미라를 꼭 보고 오겠노라고!! 『**람세스**』를 다 읽은 뒤 『**태양의 여왕**』, 『**빛의 돌**』 등 크리스티앙 자크 소설을 좀 더 읽어 보았는데 『**람세스**』만큼의 임팩트가 오진 않았다.

그렇게 시간은 흘러 드디어 대학생이 되었고, 친구와 나는 오랜 시간 품어 왔던 꿈을 이루기 위해 움직였다. 알바를 해서 여행 자금을 모았고, 〈론리플래닛〉을 보며 여행을 계획했다. 책에서만, 상상으로만 그렸던 이집트를 가보게 되다니…. 여행을 계획하며 설레던 마음은 아직도 기억이 선명하다. 부푼 기대를 안고 이집트에 도착해 우리의 환경과 너무나 다른 이국적인 풍경을 마주하니 비로소 꿈꿔 왔던 이집트에 왔음을 실감할 수 있었다.

람세스 2세를 만나기 위해 카이로 박물관에 방문했을 때, 워낙 유물이 많아 제대로 정리가 되지 않고 박물관 구석구석 유물이 쌓여 있는 상태가 너무 놀라웠다.(지금은 잘 정리되어 있으리라 생각한다.) 실제로 람세스 2세 미라를 마주하니 소설 속 모습이 주마등처럼 스쳐 지나갔다. 길을 걷다 발견한 피라미드를 보고 놀라워서 흥분을 주체하지 못했고, 사막 기후에 무지해 보온을 제대로 하지 않은 채 얇은 침낭 안에서 혹독한 추위에 떨며 밤을 꼬박 새웠던 시간이 떠오른다. 사막에서 맞이했던 밤 그리고 하늘을 가득 채웠던 별도 평생 잊을 수 없을 듯하다.

책 속에는 길이 있다고 하는데, 이런 길도 있다. 읽다 보니 떠나고 싶고, 더 자세히 알고 싶은 욕구들! 가끔 지인들이 내게 제일 좋았던 여행지가 어디냐고 질문을 한다. 그때마다 나는 고민하지 않고 이집트라고 말한다. 책 한 권을 통해 가졌던 막연한 고등학생 시절의 꿈. 그 꿈을 이루고자 노력했던 날들. 함께해 준 훌륭한 여행 메이트 친구. 부족했지만 풍족했고 어설펐지만 완벽했고 자유로웠던 그때의 시간이, 작은 자극에도 주저 없이 실행에 옮길 수 있었던 에너지 넘치는 시간이 그립다.

박혜리 부천 상지초 사서

18 열여덟 살

책과 함께한
성장의 시절

아들은 방을 정리하며 사용하는 편은 아니다. 잔소리를 하면 싫어해서 벼르고 별러 방 정리를 하자고 좋게 꾀었다. 그랬더니 자신의 책상에 딸려 있는 책꽂이에 꽂힌 남편과 나의 전공 책을 빼 주지 않아 방을 정리할 수 없었다고 당당하게 말하는 것이 아닌가. 살짝 빈정 상했지만 틀린 말이 아니어서 이리저리 각을 잰 후 우체국 택배 상자를 사다 놓고 책을 빼기 시작했다. 남편과 나의 젊은 시절의 유물이 차곡차곡 택배 상자에 정리되고 있을 때, 뜬금없이 딸의 물건이 등장했다. 딸이 고등학교 2학년이던 2012년에 사제동행으로 참여했던 독서토론반의 문집이었다. 그때는 수시 전형의 자료로 쓰기 위해 소위 스펙이란 것을 만들던 때였다. 초등학교 6학년부터 일찌감치 글을 쓰겠다고 선포한 딸은 여러 토론대회와 글쓰기 관련 행사에 참여하며 스펙을 만들기 위해 고군분투했다. 그중 하나가 독서토론반 활동이었다. 꿈 많고 풋풋한 소녀 11명이 다양한 이유로 독서토론반에 참여하여 함께 글을 읽고 이야기를 나누고 서로를 알아가며 자신을 성장시킨 흔적이 뭉클하게 다가왔다. 과연 딸은 어떤 책을 읽었고 어떤 생각을 하며 18살을 지나왔을까?

선택과 책임에 대하여

딸은 가장 감명 깊게 읽은 책으로 『**위저드 베이커리**』(구병모, 창비)를 소개했다. 이 책의 주인공인 16살 남학생은 경제적 어려움을 제외한 거의 모든 가정 문제를 겪고 있다. 아버지의 불성실한 가정생활, 친모에게 유기당한 경험과 친모의 자살, 아버지의 재혼과 새어머니와의 갈등 등 쉽지 않은 문제를 안고 있는 주인공은 문자가 아니면 세상과 소통하지 못하는 말더듬을 가지고 있다. 계모의 교묘한 기 싸움을 피해 아침과 저녁을 빵으로 때우면서 아주 요상한 빵집 '위저드 베이커리'의 단골이 되었다. 그는 8살 의붓동생을 성폭행했다는 누명을 쓰고 필사적으로 도망치다가 점장의 도움으로 '위저드 베이커리'에 숨게 되고 그곳에서 마법과 주술의 힘으로 자신의 문제를 해결하려는 다양한 사람들을 만나게 된다. 주술이 걸린 빵을 사용할 때는 그 영향이 자신에게도 미칠 수 있고, 그 결과에 대한 책임은 마법의 빵을 사용한 사람이 져야 하므로 신중히 선택하라는 경고 문구가 인터넷 쇼핑몰에 적혀 있다. 그럼에도 사람들은 정말 효과가 있기를 바라는 마음으로 마법의 빵을 주문한다.

삶의 고비에서 어떤 선택을 했을 때, 그 선택에 대한 책임 역시 스스로 감당해야 한다는 쉽지 않은 주제를 청소년들이 조금은 덜 무겁게 접근할 수 있도록 마법이라는 판타지로 잘 버무려 놓았다. 고등학교 2학년은 치열한 경쟁과 미래에 대한 불안 속에서 진로에 대한 선택을 해야 해서 고민이 가득한 시기이다. 딸이 가장 감명 깊게 읽은 책으로 이 책을 꼽은 이유는 그 선택과 책임이라는 주제가 결코 가볍지 않았기 때문일 것이다.

나의 꿈, 위로와 지지가 필요해

딸의 친구들은 같은 시기를 보내면서 어떤 책에 감명을 받았고 책을 통해 어떤 것을 느꼈을까? 친구들은 인간의 내밀한 심리를 세밀하게 묘사한 『죄와 벌』(표도르 도스토예프스키, 민음사), 중동 지역의 분쟁 문제를 다룬 『연을 쫓는 아이』(할레드 호세이니, 현대문학), 인종 차별 문제를 다룬 『헬프』(캐스린 스토킷, 문학동네)와 『빌러비드』(토니 모리슨, 문학동네), 역할로 소비되는 인간에 대한 인간소외를 다룬 『변신』(프란츠 카프카, 문학동네) 등 다양한 사회 문제와 부조리를 다루고 있는 책들을 소개했다.

여러 책 중 『**연금술사**』(파울로 코엘료, 문학동네)는 두 친구가 추천을 했다. 한 친구는 힘든 시간을 겪을 때 다시 일어설 수 있는 힘을 준 책이라고 했다. 다른 친구는 주인공이 현실보다 꿈을 이루기 위해 노력하는 여정이 특별하게 여겨졌고, 이 책을 통해 자신감과 위로를 얻고 자신도 꿈을 위해 준비하고 노력하게 되었다고 했다. 아무래도 자신의 꿈과 현실적인 선택 사이에서 고민하는 청소년에게 자신의 꿈을 선택하라고 응원해 주는 작가의 메시지가 울림을 주었던 것 같다. 그들에게 꿈과 미래에 대한 따뜻한 위로와 지지가 필요하지 않았을까 싶다.

11명의 여고생들은 어떤 마음으로 이 시기를 보냈을까? 대학이라는 목표를 이루기 위해 스펙을 쌓고 자신의 똘똘함을 증명하기 위해 달려갔을까? 아니면 자신의 꿈을 위해 자신만의 길을 만들었을까? 분명한 것은 이 친구들이 책을 읽고 서로 생각을 나누면서 자신만의 눈으로 보던 세상을 타인의 눈으로도 바라볼 수 있게 되었을 것이라는 점이다. 그리고 무엇을 하든 자신이 선택한 길에서 최선을 다하고 있을 것이라는 믿음도 있다. 이들에게 18살의 책 읽기 경험은 잠시 경쟁에서 벗어나 서로를 성장시키는 시간이 되었을 것이라는 생각이 든다.

이호은 의정부 경민여중 전문상담교사

● 소녀들을 성장시킨 독서 레시피

『이반 데니소비치의 하루』 알렉산드르 솔제니친, 민음사
작가가 경험한 노동수용소 생활을 바탕으로 부패하고 모순된 집단 속에 살아가는 인간들의 모습을 그린다. 아이들은 통제된 학교생활과 수용소의 모습을 동일시하여 표현하기도 했다.

『앵무새 죽이기』 하퍼 리, 열린책들
앨라배마의 한 어린 소녀의 눈을 통해 인종차별의 심각성과 위험에 대해 고발하고 정의와 양심, 용기와 신념에 대해 돌아볼 수 있게 해 준다.

『오만과 편견』 제인 오스틴, 민음사
네 자매의 사랑 이야기를 통해 허영, 상처, 오만, 후회, 편견 등 다양한 인간의 심리를 보여 주며, 근대 여성의 부당한 사회적 인식에 대해서도 생각해 볼 수 있다.

『카타리나 블룸의 잃어버린 명예』 하인리히 뵐, 민음사
대중의 호기심을 자극하는 선정적인 언론이 한 개인의 명예와 인생을 파괴해 가는 과정을 통해 언론 선동의 위험성과 실체를 보여 준다.

『속죄』 이언 매큐언, 문학동네
작은 오해에서 비롯된 어느 연인의 잔인한 이별을 통해 죄책감의 무게와 용서의 의미, 일방적인 해석의 폐해에 대해 생각하게 한다.

『파리대왕』 윌리엄 골딩, 문예출판사
비행기 사고로 무인도에 추락하게 되는 소년들의 삶과 죽음, 투쟁을 그린 작품이다. 인간 내면의 탐욕과 야만성을 그리고 있다.

19 열아홉 살

졸업하는 너에게

1.

말없이 조용히 앉아 있는 너에게 다가가는 걸 아이들은 어려워했어. 속을 알 수 없다거나 어두운 소울이 느껴진다는 일방적인 해석과 시선을 은밀히 공유했지. 너는 어색한 공기를 바꾸어 보려 했지. 하지만 친구들의 수선스러움을 흉내 내며 맞지 않는 옷을 입은 것처럼 불편하고 맥이 풀려 버렸어. 왠지 너 아닌 누군가를 연기하고 있다는 생각에 몸이 뻣뻣해졌거든. 눈 오는 소리처럼 조용한 너는 존재감 없는 아이가 될까 봐 걱정하고 있었어.

『콰이어트』(수전 케인, 알에이치코리아)에서 저자는 자신의 어린 시절을

고백하고 있어. 조용하고 내향적인 성격이 잘못인 것 같아서 더 외향적이 되도록 강박관념을 가져야 했다고. 사회적 판단을 두려워하는 수줍은 성격과 달리, 그녀가 말하는 내향성은 조용하고 차분한 환경에서 생기를 찾는 성향을 가리키는 것이라고 해. 엄청난 자극을 받아야 본래의 재능을 발휘하는 외향성을 지닌 이들이 있듯, 무리에서 떨어져 나와 혼자 공부하면서 창조적이고 생산적인 일을 도모하는 이들이 있다는 주장이지.

언젠가부터 학교와 사회에서 혼자만의 시간을 갖는 이들을 외톨이나 문제아로 취급하는 불편한 시선이 나타났어. 정서적으로 불안한 친구들이 없지 않지만 자신들과 성향이 다른 친구들을 배타적인 감정으로 대하는 것을 당연시하고 사회적 약자로 취급해 온 거야. 건전한 협력과 토의 문화는 권장될 만한 것이지만, 모두가 그런 방식에 자신을 끼워 맞추어 갈 수는 없을 거야.

겨울밤은 고요한 시간이야. 김경주 시인은 「눈 내리는 내재율」이라는 시에서 버려진 밥통 안으로 하얀 눈이 떨어지는 풍경을 눈들의 운율이라고 말하고 있어. 그건 거대한 침묵의 공간 속에서 소리의 질서를 찾아낸 참신한 시인의 눈길이야. 내면에 뜨거운 밥을 품고 수천 번 뜨거운 입김을 토해 냈을 밥통은 이젠 고요하게 자신의 음악을 숨기고 있어. 자신의 온도를 잃은 차가운 눈과, 뜨거운 노래를 마친 새들이 나란히 하늘에서 내려오지. 혼자서 끓고 있는 밥물의 희미한 연주가 은근히 온기를 전하는 듯해.

네 안에 소용돌이 치고 있는 뜨거운 열망을 차분히 꺼내 보자. 네가 지닌 근사한 생각들은 화려한 말솜씨로 포장하지 않아도 친구들을 매료시킬 수 있어. 너의 존재감은 소리쳐서 억지를 부리는 것이 아니라 잔잔하게 다가가 마음을 녹이는 봄의 숨결을 닮아 있으니까.

2.

학교는 너희가 세상을 만나기 위한 정거장이라고 생각해. 새로운 출발을 위해 누군가가 끊임없이 들어오지만, 결국 일정한 시간이 되면 어딘가로 떠나야 하는 터미널 같은 곳 말야. 살아오면서 많은 곳을 떠나 새로운 곳을 향해 갔던 너에게 학교가 어떤 의미로 기억될지는 오랜 시간이 지나 봐야 알 수 있을 거야. 다시는 기억하고 싶지 않은 과거가 될 수도 있고 힘들 때마다 친구들이나 선생님이 떠오르는 추억의 장소일 수도 있겠지.

연어에 대해서 들어본 적 있니? 4년 동안 20,000km를 헤엄쳐서 자신이 태어난 강으로 돌아오는 연어의 회귀 본능은 유명하잖아. 연어의 특별한 능력의 비밀은 아직 밝혀지지 않았다고 해. 자신이 태어난 강물의 냄새나 특징을 기억할 수 있는 유전자를 가지고 있다는 말도 있고, 비둘기처럼 자기장을 몸속에 지니고 있어 그걸 이용한다고도 하니 참 신기한 일이지. 긴 여행이 아니라도 오랜 시간이 지난 후에 기억에서 멀어진 장소를 찾는 건 누구나 품을 만한 일일 거야.

항상 비슷한 또래의 아이들이 머물렀다 떠나갔기에 선생님은 앨범 속에서 차츰 나이를 먹고 있는 내 자신이 낯설어. 열일곱에서 열아홉까지, 자기 인생의 봄을 가까이서 혹은 멀리서 지켜보고 있던 너희들을, 항상 그때의 모습으로 기억하는 고장 난 기억회로도 가지고 있지. 오늘 너희가 떠난 빈 교실에는 너희를 닮은 새로운 아이들이 두려움과 설렘을 안고 앉게 될 거야. 그때 내가 너희들에게 미처 건네지 못한 마음을 쥐어 줄 수 있으면 좋으련만.

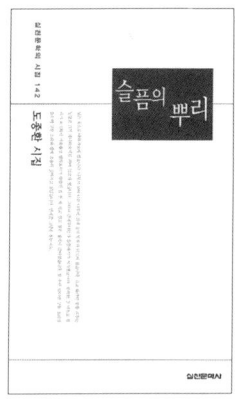

지금 꺼내 든 도종환 시인의 시집 『**슬픔의 뿌리**』(실천문학사)에서 「빈 교실」이라는 제목의 시를 펼쳤어. 시 속에 나오는 선생님을 나는 질

투하고 있었는지 몰라. 수업이 없는 시간에 교무실이 아니라 낡은 도서열람실에 찾아간 선생님은, 이제는 체온을 잃어버린 빈 공간을 추억 속 아이들의 모습으로 채우고 있어. 난방도 되지 않는 교실에서 선생님을 훈훈하게 만들어 준 건 아이들이 칠판에 써 둔 소망과 웃음소리라고 말해. 다시는 못 만날지 모르는 시간이 좋았다고 말하는 선생님처럼 아쉬움 없는 기억을 간직하고 싶었거든.

즐겁고 행복하기에 돌아가고 싶었던 시간도 있지만, 삶에 대해 치열하게 고민을 이어 갔기 때문에 마음의 발길이 자꾸만 닿는 곳도 있지. 힘들면 돌아올 수 있는 마음의 고향을 간직한 채 살아갈 너도, 이 시의 아름다운 빈 교실처럼 위로의 방을 갖게 되길 바랄게.

왕지윤 인천보건고 국어교사

● **함께 읽으면 좋을 책**

『**우리 그런 말 안 써요**』 권창섭, 창비교육
예고에서 시 수업을 했다는 시인의 창작 수업 풍경이 담긴 청소년 시집

『**호수의 일**』 이현, 창비
잔잔한 수면 위에 일렁임이 반짝이는 순간, 아무도 보지 못한 사춘기의 돌팔매질

20대

20   아무것도 붙잡을 게 없다는 너에게 책은 분명히 큰 위로를 줄 거야.

25   잊지 마, 삶은 샌드위치 같은 거야.

25   나의 삶이 교육이 되기만 한다면 족하다.

26   독립을 바라던 자리들은 삶을 지탱해 주는 취미가 되었다.

26   정치적인 결정과 정책은 우리가 일상적으로 겪는 삶에 많은 영향을 미친다.

28   내가 나와 참답게 친할 때 삶은 정답다. 책 한 권이 줄 수 있는 기쁨 치고는 꽤 근사한 기쁨이 아닌가?

28   포기하지 않고 끈질기게 흐름을 따라가다 보면 모든 것이 완벽하게 하나의 점을 이루는 결말을 만나게 될 것이다.

20 스무 살

어쩌지 못하는
너에게

D에게

오랜만에 너와 메시지를 주고받았지. 너는 너에게 갇혀 스스로 찌르고 할퀴고 상처 입히며 무수한 말들을 쏟아내었지.

> 삶이 고달프게 흘러가 좋은 말씀을 못 드리고 힘들게 지내는 것 같아요. 해보고 싶은 건 많은데 시작은 늦은 것 같고, 막상 시작해 보려니 몸은 병들고, 돈도 없고, 재주와 재능도 없고요. 꽃밭에 살면 얼마나 좋을까요? 비관을 바라볼 필요도, 부정을 쳐다볼 필요도, 절망을 받아들일 필요도 없겠죠. 맞아요. 쓰레기처럼 퍼질러 뒹굴며 아무짝에도 쓸모없는 벌레만도

못한 삶을 사는 것 같아요. 왜 살아야 하고 어떻게 살아야 할까요. 과연 이런 저를 누가 지탱해 줄까요?

너의 마지막 물음에서 난 멈출 수밖에 없었어. 너를 살리고 싶었어. 네가 왜 살아야 하는지, 어떻게 살아야 하는지, 너를 지탱하게 해 줄 수 있는 것을 찾고 싶었어. 그때 떠오른 것이 '책'이야. 우리가 함께했던 시간 속의 '책'.

내가 너를 처음 만난 건, 네가 학교에서 힘든 일이 생겨 더 이상 그 학교를 다니기가 어렵게 되어서 내가 근무하던 학교에 전학을 오려고 면접을 보던 자리였지. 너는 전학이 확정되고 2학기에 내가 부담임으로 있는 반으로 배정이 되었지. 도서관에 올 것 같지 않았던 네가 도서관에 들러 책을 빌려 갈 때 조금 의아했어. 처음엔 그저 아직 학교 적응이 힘들어서 도서관에 왔나 보다 생각했지. 그랬는데 책을 읽고 또 빌려 가고 그러더라. 조금은 신기한 마음에 관심이 가더라. 그래서 "그 책 다 읽은 거야? 재밌어?"라고 말을 걸었고 네가 다른 것에는 흥미가 없지만, 책 읽기는 좋아한다는 것을 알게 되었지. 그때 네가 읽었던 책이 가와이 간지가 지은 『**데드맨**』(작가정신)이었던 거 기억나니? 각각의 신체 부위가 사라진 여섯 구의 시체로부터 시작되는 미스터리 이야기. 네 덕분에 나도 그 책을 읽었고, 엄청난 몰입감으로 빠져들었지. 그 이후 네가 좋아할 것 같은 책들을 추천해 주기도 하고, 같이 읽기도 했지. 그러면서 수많은 우여곡절을 다 겪고 이겨 내고 고등학교를 무사히 졸업하게 되었지.

그리고 우리는 졸업 후에도 만남을 이어갔지. 그게 너의 스무 살 봄날이었을 거야. 네 친구인 M과 함께 너를 만나러 강릉으로 갔지. 그날, 너의 집 근처에 있는 허브차가 맛있었던 조그마한 카페에서 책 모임 '민도현'을 결성했잖아. 우리가 읽을 첫 책으로 헤르만 헤세의 『데미안』(민음사)을 정했고. 그 책을 읽고 나누었던 책 수다는 아주 강렬했어. '민도현' 덕분에 중2 때 읽었던 『데미안』을 다시 꼼꼼히 읽게 되

었지. 예전에는 내가 성장기 한가운데에 있었기에 책 전체를 관통해서 읽지 못하고 내용만 겨우 이해했던 게 아닌가 싶어. 다시 읽은 『데미안』은 완성도 높은 훌륭한 성장 소설이더라. 너희와의 책 수다 이후 『데미안』은 나에게 인생의 책이 되었어. 싱클레어가 데미안과 베아트리체와 에바 부인을 만나면서 성장하는 과정이 바로 "새는 알에서 나오려고 투쟁한다. 알은 세계이다. 태어나려는 자는 하나의 세계를 깨뜨려야 한다."의 과정이었지. 우리는 그렇게 한 달에 한 번 혹은 두 달에 한 번 만나 책을 읽고 이야기를 나누는 사이가 되었지.

그러다 어느 날 너의 사고 소식을 들었어. 아예 의식 없이 병원에 있다는 소식. 그리고 몇 개월 후 네가 깨어나고 너의 몇 안 되는 기억 속에 내가 있다는 얘기를 전해 들었고, 그러고도 시간이 조금 더 흐른 뒤에 다시 만나게 되었지. 그날 네가 선물로 줬던 북링과 볼펜, 네잎클로버 다발은 아직도 내 책장에 예쁘게 간직되어 있단다. 인상 깊었던 게 북링이었어. 그런 게 있다는 걸 처음 알았거든. 넌 이미 그걸 사용하고 있다고 했어. 그래서 네가 여전히 힘들지만, 책을 읽고 있구나 싶어서 한편으로는 안심이 되더라. 그 이후 간간이 소식을 주고받거나, 내가 강릉에 볼일이 있으면 시간을 내어 잠시 얼굴을 보고 왔지. 사고 이후로 갈수록 피폐해지고 있는 너의 모습을 바라보는 것이 힘들기도 했어. 그렇게 만남은 뜸해지고, 오랜만에 주고받은 메시지 속의 너는 그동안 더 많이 무너져 있었어. 어쩌지 못하는 너를 보는 게 몹시 아프고, 슬프고, 미안했어.

　D, 이제 집에만 있지 말고, 책 한 권 들고 밖에 나가 보면 어떨까. 봄에는 꽃을, 여름에는 바다를, 가을에는 나무를, 겨울엔 다시 새하얀 바다를 보며 책을 읽고 몸을 깨웠으면 좋겠어. 아무것도 붙잡을 게 없다는 너에게 책은 분명히 큰 위로를 줄 거야. 우리가 함께 책을 읽으며 나누었던 위로의 시간을 잊지 않기를 바라. 처음 학교에 와서 힘들 때도 네가 책을 읽을 때만은 눈빛이 달랐어. 그 눈빛이 나를 너에게 데려다 주었고. 책 이야기를 할 때면 눈빛은 물론 말투도 순해지곤 했어. 그 시간을 기억하길. 그것이 너에게 힘을 줄 거야.
　D, 이 글이 너에게 가 닿고, 네가 햇빛 속으로 걸어 나와 나를 불러 주기를 기다릴게. 오늘도 너에게 삶의 행운이 함께하기를 빌어.

마음을 담아 선생님이

이현애 원주여고 사서교사

25 스물다섯 살

취업의 문턱에서 고전하는 너에게

생각해 보면 그 책을 만난 건 운명 같은 일이었어. 대학교 3학년쯤이었을까? 도서관을 돌면서 무슨 책을 읽을까 고민하다가 집어든 책이 『**달의 바다**』(정한아, 문학동네)였어. 아주 젊은 작가의 첫 소설이었고, 그때 막 출간된 따끈한 신작이었지.

젊은 작가답게 이 책은 아주 싱그러운 샐러드 같았어. 왜냐면 책 속의 주인공이 나와 비슷하거나 나보다 두어 살 더 많은 이십대 청춘이었거든. 그때까지 내가 읽었던 소설들은 주인공이 불우한 사춘기를 관통하며 성장하는 청소년 성장소설 아니면 이청준이라든가 박완서 같은 한국 문학의 굵직한 대문호들의 작품이었거든. 이상하게도 이 시대의 청춘이 주인공인 소설은 별로 없더라고.

그게 참 생경하더라. 혹시 너는 열아홉 살에서 스무 살로 넘어가던 1월 1일을 기억하니? 성인이 된 첫날 말이야. 기분이 참 묘했는데, 그 느낌이 뭘까 한참 생각했어. 골똘히 생각해 보다가 그 이유를 알았어. 난 진짜 어른이 아니었던 거야. 주민등록증은 성인인데 난 아직 애였던 거지. 그건 이제 막 스무 살이 된 주민등록증의 나와 진짜 스무 살의 나 사이의 간극이었어.

내게 있어 이십 대는 학생도 아니고 어엿한 어른이 되지도 못한 어설픈 청춘의 나날들이었어. 어른들은 청춘은 돈 주고도 못 산다고도 하고, 젊어 고생은 사서도 한다는데 난 이해가 안 갔지. 미래는 불

투명했고, 내가 커서 뭐가 될지 몰라서 불안한 건 어느 대학에 갈지 몰라 안절부절못하던 십 대와 다름이 없었어. 게다가 사서 고생은 도대체 뭐 하러 하는 건지. 알바 두세 개씩 해 보라지. 안 할 수 있으면 피하는 게 상책 아닌가. 암튼 그 시기에 나는 『달의 바다』를 만난 거야.

주인공 은미는 그런 나와 같았어. 어린 시절부터 오랫동안 기자를 꿈꿔 온 취준생 은미는 이번에도 기자 시험에서 떨어지자 죽기로 결심하고 약국에서 감기약 이백 알을 사서 모아. 이번이 벌써 마흔세 번째였거든. 근데 은미가 치밀한 계획 끝에 죽기로 결심한 그때, 갑자기 할머니가 미국에서 살고 있는 고모를 만나고 오라는 특명을 내리고 은미는 생각지도 못한 미국에 가게 돼.

갑자기 왜 고모를 만나러 가느냐고? 그럼 먼저 은미의 고모에 대해서 알아야 해. 무뚝뚝하고 가부장적인 할아버지에게 시집온 뒤로 별 볼 일 없던 할머니의 인생을 환하게 꽃피게 했던 그녀. 똑똑하고 당찼으며 누구보다 자신의 삶을 사랑했던 고모는 할머니에게 보석 같은 존재였어. 어릴 때부터 과학을 잘했던 고모는 커서 과학기술연구원이 되었어. 자신의 삶과는 다르게 마치 신여성 같은 존재로 커가는 딸을 보는 게 할머니의 기쁨이었지. 그런 고모가 어느 날 임신

6개월이 되어서야 가족들에게 임신 사실을 알려. 고모는 미혼모가 된 거지. 그리고 아기가 태어난 지 1년이 지났을 무렵, 직장 동료였던 한국계 미국인과 결혼한 후 미국으로 건너가. 그렇게 고모가 미국으로 간 지 15년이 흘렀고, 고모는 가족들과 연락을 끊었어. 아니 그런 줄 알았지. 그런데 고모가 할머니에게만은 편지를 보내 왔다는 거야. 할머니 말에 의하면, 고모는 미항공우주국에서 우주비행사가 되었으며 달에 기지를 짓는 기밀 업무를 한다는 거야. 할머니는 은미에게 미국에 가서 고모가 잘 있는지 확인을 하고 오라는 거지.

은미는 할머니의 말이 미심쩍긴 했지만 고모를 만나러 가. 그런데 미국에서 만난 고모는 우주테마파크 체험관에서 샌드위치를 만들어 팔고 있었어. 우주비행사까지는 아니더라도 어디에선가 자신의 삶을 멋있게 살고 있을 거라고 믿었던 은미에게 고모의 삶은 배신 그 자체였지. 나도 이야기 속 은미의 여정을 따라서 함께 고모를 찾아갔다가 샌드위치를 파는 고모를 보고 배신감을 느꼈어. 그건 고모에 대한 배신감이기도 했고 세상에 대한 배신감이기도 했어. 그때의 나는 학벌과 학점, 어학연수, 각종 자격증 등의 스펙으로 중무장한 우리들에게 우리의 인생은 마땅히 적절한 보상을 가져다주어야 한다고 믿었으니까. 인생은 나에게 거짓말을 할 리가 없다고, 인풋 대비 아웃풋이 있는 건 당연한 결과라고 믿었어.

하지만 인생은 그렇지가 않더라고. 은미처럼 나도 대학을 졸업할 때가 다가오고 취준생이 되자 수많은 자기소개서를 썼고, 수도 없이 회사에 떨어졌어. 그때 나의 목표는 우리나라에서 이름만 들으면 아는 대기업에 들어가는 거였어. 내가 취준생 시기 한 계절에 쓴 자기소개서만 70여 개였어. 두 계절을 지냈으니 족히 백 편이 넘는 자기소개서를 썼을 터였지. 대부분의 자기소개서는 광속으로 탈락했고 10% 정도만 살아남았어. 인적성 고사와 면접을 거쳐 어렵게 최종 합격의 문턱에 올라서서 '이제 드디어 김밥천국도 끝이다.' 생각하면 어김없이 인생은 뒤통수를 치더라고. 마지막 합격자 발표를 기다리던 날 내 통장 잔고는 7,200원이었어. 나는 눈 내리던 그날을 잊을 수가 없어. 그래서 은미의 마음이 이해가 갔지.

그런데 있잖아, 인생이 그렇게 뒤통수를 치고 가는데도 고모는 너무 행복한 거 있지? 할머니한테 그렇게 당당하게 우주비행사라고 뻥을 치면서 행복하게 샌드위치나 만들고 있는 고모의 모습에 은미와 나는 벙찌고 말았어. 고모의 인생도 고모의 뒤통수를 친 거잖아. 마치 어린 시절에 행복을 몰빵해서 줬으니 앞으로는 불행할 일만 남은 사람처럼.

고모는 미국에서 빈털터리가 되어 정말 가진 것 없이 일자리를 찾아 헤매던 시절에 어떤 오해 끝에 이 샌드위치를 만났다고 해. 가장 배고팠던 그날에 고모를 살게 한 게 이 샌드위치였고, 샌드위치 하나가 사람을 행복하게 만들 수 있다는 걸 알았다는 거야. 물론 이 이야기가 샌드위치를 팔란 말은 아니야. 다만 어려운 순간에 삶을 다시 살 동력이 예기치 않게 찾아오기도 한다는 거지. 고모는 삶이 무너진 곳에서 다시 일어서기를 하고 있었던 거야.

그래, 돌이켜 보면 우리에게도 그런 순간들이 있지. 아주 작은 것에서 한 모금의 행복과 안도를 맛볼 때. 무너졌던 삶이라고 생각한 순간에 그 불을 지피는 아주 작은 순간들 말이야. 길을 잃었다고 생각한 순간에도 다른 삶의 길이 열리기도 하고, 기대하거나 꿈꿔 보지 않았던 길을 걷게 되기도 해. 집에 돌아온 은미는 기자 시험을 포기하고 할아버지 때부터 이어져 온 '이대 갈비'에 출근하게 됐어. 나는 회사에 다니는 일을 접고 임용고시를 치르게 됐어. 물론 김밥천국은 다시 다녀야 했지만. 그래서 뭐 하냐고? 선생님이 되었고, 지금은 장차 커서 무엇이 될지 몰라 방황하는 아이들에게 『달의 바다』를 추천해 주고 있지. 잊지 마, 삶은 샌드위치 같은 거야. 언젠가 인생이 너의 뒤통수를 치는 것 같은 날이 온다면, 이 책을 펼쳐 보길 바래. 막연하고 외롭고 불안한 너의 청춘도 따뜻하게 안아 줄 거야.

조수진 제주중앙여고 사서교사

25 스물다섯 살

나의 노래는?

인생의 작은 전환점인 군복무를 마치고 대학으로 복귀한 시점이었다. 군복무 기간은 삶의 방향에 대해 진지하게 고민하는 시간이 되었다. 미래에 대한 무수히 작은 결정들이 내 눈앞에 있었고, 대학 졸업 후의 진로 방향에 대한 걱정이 한가득이었다. 나는 역사교육을 전공하고 있었기 때문에 교원 임용 시험에 대한 준비, 교사가 된 이후의 삶, 교사로서의 가치관 정립 등 정해지지 않은 것들에 대한 막연한 두려움에 휩싸여 있었다. 불확실에 대한 두려움보다 더 큰 것은 역사를 가르치는 사람으로서 어떠한 가르침이 준비되어야 하는가였다. 단순 지식 전달자에 그치고 싶지는 않았다. 역사적 사실을 가지고 유의미한 교육을 하고 싶었다. 우선 유의미한 교육이 무엇인지부터 깊이 생각해야 했다. 어떠한 부분에서든 학생들의 삶에 도움이 되는 교사가 되고 싶다고 생각했다. '무엇을 어떻게 가르쳐야 할지, 한국 사회에 필요한 인재 양성은 무엇인지'에 대한 고민이 시작되었다.

    그때 한 지인으로부터 『칼의 노래』(김훈, 문학동네)를 읽어 보라는 권유를 받았다. 역사 소설인데 소설 같지 않다는 것이었다. '소설인데, 소설 같지 않다? 이건 무슨 노래지?'라는 의문부터 들었다. 겉표지부터 난해한 그림이라 크게 끌리지는 않았다. 김훈이라는 작가 역시 생소했다. 소설을 가벼운 책으로 치부하면서 읽지 않던 시절의 무지함이었다. 책의 두께도 손이 가지 않는 이유였다. 한참을 미뤄 두던 책을 방학 때 다시 펼쳤다. 재미있게 역사의 지적인 부분을 채우고자 함이었다. 대충 왜란 때 이순신 장군의 이야기라는 것을 알고 있었기에, 그의 활약상을 재미있게 풀어낸 책이려니 했다.

    초등학교 때 읽은 위인전에 등장한 이순신은 어려서부터 완벽한 인물이었다. 마을에서 동무들과 전쟁놀이를 하면서 전략과 전술을 효율적으로 펼치고, 나무배를 만들어 물에 띄우고, 쇠붙이를 물 위에 어떻게 띄울까를 고민하는 인물이었다. 이순신과 함께하는 팀은 언제나 승리했다. 그는 태생부터 왜란을 승리로 이끌기 위한 인물이었다.

중고등학교 시절 역사 교과 시간에 왜란을 배울 때에도 늘 등장하는 인물이 이순신이었다. 왜란 속 인물이 상당수 존재하지만 선생님이 특별히 강조하고, 기억에 남은 영웅은 단연 이순신이었다. 왜란을 위한 준비부터 승리로 이끈 전술, 죽음을 앞둔 유언까지 그는 늘 멋있었다. 그에게 실패는 없었고, 전쟁에서 지는 법도 없었다. 낙마하여 부러진 다리를 나뭇가지로 고정시키고 끝까지 도전하여 무과에 급제한 불굴의 인물이었다.

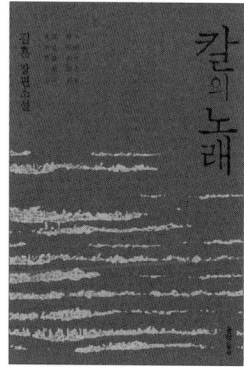

그런데… 『칼의 노래』는 그런 영웅담이 아니었다. 전란의 나라를 위한 활약 이면에 있는 부하 장졸들과 자식을 잃은 슬픔, 매 순간마다 힘든 결정을 내려야 하는 한 남자의 고뇌가 담겨 있었다. 통제사라는 최고 지휘관의 자리에 있었지만 그는 수많은 조선 백성 중 한 명이었다. 자신의 결정이 맞는지에 대한 확신에 찬 데이터도 없이 걸어가야만 하는 인생의 무게감이 느껴졌다. 그는 대의명분을 위한 '희생'과 실리를 추구하는 '간교함' 사이 그 어딘가에 서 있던 나에게 질문을 하고 있었다. '너의 칼은 무엇을 위해 울고 있니? 너는 어떤 인생의 노래를 부르고 싶니? 아니, 그보다 너의 칼은 무엇이니?' 근본적인 질문을 다시 던지게 되었다. 내가 헌신할 대상, 내가 마땅히 가르쳐야 할 내용이 무엇인지에 대한 질문이 다시 생겼다. 막연한 대상과 내용이 구체화되는 시작점이 되었다.

가르치는 사람이 아닌 깨우쳐 주는 사람이 되어야 했다. 무한 경쟁으로 죽어가는 교육이 아닌 한 명 한 명을 살리는 교육을 해야 했다. '선생이 아닌 스승이 되고, 학생이 아닌 제자를 키워야 한다. 군중심리에 흔들리지 않는 의식을 갖도록 가르쳐야 한다.'는 결론이 내려졌다.

전장에서 이순신을 겨누고 있던 것은 왜군의 조총만이 아니었다. 조정 대신들의 견제, 국왕 선조의 질투 등 더 강력한 적이 버티고 있었다. 의외의 난관에 부딪힐 때 이순신이 지닌 의연함과 강직함의 조화가 빛이 났다. 책을 덮고 나서 더 치열하게 역사 지식 습득을 위해 노력했다. 그 지식 습득의 노력보다 더 냉정하고 치열하게 생각하고 기록해 보았다. 이 노력은 교사로 임용되고 나서 20여 년이 지난 지금까지 계속 되고 있다. 작은 것 하나에도 소홀함이 없었던 그와 같이 작은 말투 하나하나에도 정성을 다하고 싶었다.

책을 덮으면서 소설이지만 소설 같지 않다는 지인의 말이 생각났다. 짜릿하고 긴장감이 느껴지는 액션도 없다. 눈물을 펑펑 흘릴 수 있는 감동도 적다. 그러나 생각이 남았다. 삶에 대한 치열한 고뇌, 결정에 대한 냉정함 그리고 미안함. 한 순간을 살아도 가치 있게 살고 싶다는 생각을 하게 하였다. 그리고 거창하게 이 나라의 교육을 바꾸는 것이 아닌 '나의 삶이 교육이 되기만 한다면 족하다.'라는 생각을 하고 있다. 방학이면 제자들에게 이 책을 꼭 읽으라고 추천한다. 그리고 꼭 생각을 기록해 보라고 권한다. 김훈 작가의 다른 작품도 함께 읽으라고 권한다. 시대마다 다른 가치관과 다른 생각이 존재하는데, 그것은 현재를 살아갈 자양분이 될 수 있기 때문이다.

이무현 의정부 경민고 역사교사

26 스물여섯 살

'독립'에 관심을 가지다

독립에는 매력이 있다. 독립한 나의 모습을 상상했고, 홀로 선 이들의 모습을 보는 것이 즐거웠다. 심지어 출판을 홀로 했다고? 책을 좋아하는 이의 입장에서, 이토록 황홀한 사람들이 있을까. 그렇게 스물여섯이었던 나는 @indiana_books라는 이름으로 인스타그램을 가입하고 독립출판물을 파는 서점과 행사들을 쫓아다니게 된다. 그렇다. 이 이야기는 나의 독립출판 덕질 이야기다.

처음 독립출판을 접했을 때가 언제였더라? 때는 2012년, 홍대 상상마당에서 열린 기획전 '어바웃북스'를 방문했고, 완전히 새로운 세계에 눈을 떠버린다. 전역을 반년 앞둔 군인에게 독립출판물의 세계는 얼마나 자극적이었는지! 특히 이미영 작가의 『**어슬렁의 여행드로잉 〈동유럽과 지중해〉**』(노닥노닥)와 오세범 작가의 『Iceland Travel』처럼 여행을 다룬 독립출판물들에 눈을 빼앗겼었는데, 돈이 없는 군인이었던 나는 돈을 꾸어 이미영 작가의 책 한 권을 구입했었다. 마음에 꼭 드는 책을 발견했을 때의 설렘은 어쩔 수 없는 것이었다. 여전히 동유럽도 지중해도 아이슬란드로도 여행을 떠나지 못했지만, 이 책은 여전히 나의 최애 책이며 언젠가 갈 동유럽 여행을 위해 하루하루를 살아가고 있다.

두 번째 오래된 독립출판에 대한 기억은 지금은 사라진 서점의 굿즈이다. 대학을 졸업하기 전 나의 주 활동 반경은 서울 종로구와 성북구였고, 이 지역엔 정말 좋은 서점이 많았고, 많으며, 많을 것이

다. '많았다'라고 쓰기엔 너무 가슴이 아프고, 여전히 좋은 서점이 많다. 친구와 나는 이 지역을 걸어다니곤 했는데, 지금은 카페가 있는 그곳에서 서점을 발견했다. 당시에 찍은 사진을 찾아봤는데, 〈헤드에이크〉의 폐간호(멈출까? : 멈춤의 장소, 서점주인의 삶)나 〈Graphic #33: Bookshops〉이 눈에 띈다. 이곳에서 나는 책 두 권과 에코백을 샀던 것으로 기억하는데, 마티스의 〈춤〉을 패러디해 춤추는 책들을 그려낸 이 에코백이 내 두번째 보물이다.

이놈의 삶은 왜 이렇게 독립출판과 얽혀 있을까? 아니, 독립출판이 왜 이렇게 좋을까? 꾸며 말하자면, 어쩌면 나는 독립이라는 단어를 너무 좋아해서 그 말대로 살고 있는지 모른다. 좋아하는 것도 나 홀로, 흘러가는 것도 나 홀로다. 좋아하는 작가이자 가수인 요조의 노래 가사처럼 "내가 먼저 저들을 버렸다 하"는 마음이고, 또 다른 좋아하는 작가이자 가수인 오지은의 노래 가사처럼 "날 사랑하는 게 아니고 날 사랑하고 있단 너의 마음을 사랑"하는 이의 마음이다.

그런데 나이를 하나 둘 먹어 갈수록 작가들도 나도 변하는 것 같다. 영양제를 찾고(『**아무튼, 영양제**』), 누군가에게 닿고 싶은 마음(『**만지고 싶은 기분**』)이 기쁘다. 독립을 원하던 이들은 서로 기댈 이들을 찾고, 혜

매던 마음은 매일 곳을 찾는다.

  그렇게 독립을 찾아 헤매던 곳에 인연들이 있었다. 가장 자주, 오래 본 사람은 출판사 '에디시옹 장물랭' 사장님인 것 같은데, 아마도 그가 『새내기 유령』(로버트 헌터)을 출판할 때부터 본 것 같다. 이 책을 우리 학교 학생들에게 소개하듯이 소개하면, 새내기 유령의 납치극이다. 새내기 유령은 일행에서 낙오되고 남자에게 발견되는데, 이 불쌍한 유령을 돕는 과정에서 남자는 원하는 삶을 이루고, 행복한 결말을 맞이하게 된다. 사장님은 독립출판 관련 행사장만 가면 십중팔구는 있었기 때문에 자연스럽게 얼굴을 익히게 되었다. 그렇게 마주치면 신기하고 아름다운 책들을 구경시켜 주곤 해서 만날 때마다 즐겁고 감사하다. 덕질하며 만난 모든 이들이 내게는 새내기 유령이었고, 별이 된 남자였다.

독립에 대한 관심은 만남에 관한 호기심으로 확장된다. 아직 잘 모르겠다면 독립출판물을 다루는 행사에 방문해 보는 건 어떨까? 언더그라운드 마켓, 언리미티드 에디션, 세종예술시장 소소, 프롬 더 메이커스, 퍼블리셔스 테이블, 책보부상… 없어진 곳도 있지만 새로이 만들어지는 장소들도 있다. 인천아트북페어나 군산북페어, 전주책쾌나 제주북페어 등 전국 각지에서 열리는 독립출판 행사들이 있어서 앞으로도 인연은 이어질 것이다. 몇 년 전부터 서울국제도서전에서도 독립출판물을 위한 자리를 별도로 마련하고 있으니 독립출판물이 어색하다면 서울국제도서전을 방문해 보는 것도 괜찮겠다. 독립출판물을 취급하는 주변의 서점들을 방문해 보는 것도 좋은 방법이다.

떠나고 싶던 이는 아직 떠나지 못했고, 독립은 아직도 소원하다. 그러나 독립을 바라던 자리들은 삶을 지탱해 주는 취미가 되었다. 취미생활은 같이 할수록 재미나니 함께해 준다면 더할 나위 없겠다. 제발 다시 책방 인스타그램에 자주 글 올리고 싶다.(당근을 흔든다.)

박장순 수원 광교중 사서교사

● **아트북페어에서 만난, 마음 가는 독립출판물들!**

〈글리프〉
작가 덕질 아카이빙 잡지다. 현재 8호까지 나와 있는데 김초엽, 최은영, 박상영 등 각 호마다 한 작가에 대한 덕질의 정수만 모았다. 책과 함께 볼 수 있는 작가에 대한 모의고사는 덕력을 확인해 볼 수 있는 또 다른 재미를 준다.

'지역의 사생활 99' 시리즈
2021년 문화체육관광부와 한국만화가협회가 선정하는 '오늘의 우리만화' 수상, 2024 한국관광기념품공모전 수상에 빛나는, 지역을 주제로 한 창작 만화 시리즈이다. 방문했거나 방문 예정인 지역, 혹은 한동안 머물러서 기억이 아련한 지역에 대해 살펴볼 수 있다.

『리타의 일기』(안리타, 홀로씨의테이블)
매력적인 문장과 독특한 편집이 어우러져 재미있는 읽기 경험을 주는 독립출판 에세이다. 독립출판의 특징인 새로운 시도가 돋보이는 책으로, 독립출판이 궁금한 분들에게 안리타 작가의 책들은 좋은 시작이 될 수 있을 것이다.

26 스물여섯 살

정치 제대로
바라보기

"여당? 야당? 좌파? 우파? 지금도 공화국이에요?"
"공화국은 이승만, 박정희 정권을 이야기하는 거 아니에요?"

　중고등학생의 질문이 아니다. 놀랍게도 이제 곧 서른을 앞둔 조카의 질문이다. 정치에 관심이 없는 세대라 그런가 싶으면서도, 투표를 몇 년에 한 번씩 하고 선거 기간이 아니면 정치인들을 뉴스로만 접하기에 익숙하지 않아서 그렇겠거니 했다. 정책이나 당리당략을 위해 논쟁을 하거나 극단적으로 대립하는 정치인들의 모습이 정치에 대한 불신을 키운 것도 사실이고, 선거를 통해 정권이 교체되어도 개인의 삶에는 직접적으로 와 닿는 변화가 없다고 느끼기 때문일 수도 있다.

나 역시 조카와 비슷한 나이였을 때는 취업과 현실적인 문제들로 정치에 관심이 없었다. 이제 막 학교도서관에 취업을 했었던 것이다. 그러다 정치에 관심을 가지게 된 계기가 생겼다. 스마트폰도 없던 시절에 대중교통으로 2시간 넘는 출퇴근 시간을 쪽잠으로 때우기 아까워서 도서관에서 무심결에 집어 들었던 책이 바로 조정래 작가의 『한강』(해냄)이다.

『한강』은 한국전쟁이 끝난 후 이승만 정권부터 5.18 광주민주화운동이 벌어지는 시점까지 한국 사회의 격동기를 배경으로 한국 현

대사의 아픔과 갈등을 그려내고 있다. 3.15 부정선거와 4.19 혁명으로 이승만 정부가 무너지고, 5.16 쿠데타로 박정희 정부가 들어선 이후 개발독재와 유신시대가 펼쳐지는 시대의 소용돌이 속에서 산업역군으로 불리며 외화벌이에 앞장섰던 월남 파병 군인, 파독 광부와 간호사, 중동에 오일머니를 벌러 갔던 사람들의 이야기와 전태일 열사의 노동자 인권 운동과 분신 등 한국 현대사의 굵직한 사건들을 다루고 있다. 이 책은 이런 사건에 초점을 두는 것이 아니라, 그 역사 속에서 살아갔던 일반인들의 삶을 조명하고 있다. 그래서인지 교과서에 나와서 단순하게 암기했던 단편들과 달리, 대하소설답게 방대한 인물들이 각자 이야기를 들려주는 거 같아서 그들의 아픔과 고통에 공감할 수 있었다.

정치적인 결정과 정책은 우리가 일상적으로 겪는 삶에 많은 영향을 미치면서 사회적, 경제적, 문화적 환경을 결정짓는 데 중요한 역할을 한다. 이런 부분을 잘 보여 주는 소설 속 인물이 있다. 천두만은 '농지개혁'으로 농사 지을 땅을 잃고 가족을 먹여 살리기 위해 무작정 상경해서 산동네에 움막을 치고 지게꾼으로 품팔이를 하며 살아간다. 그는 지게꾼이라는 이유만으로 경찰에게 도둑으로 의심을 받고 잡혔다가 풀려나기도 하고, 부두 노동자, 꽁초 줍기, 연탄 찍기 등 여러 직업을 거치다가 딸과 함께 가발공장에서 일하게 된다. 혼자 생계를 책임지다가 딸과 일을 하면서 곧 고향으로 돌아가 농사 지을 땅을 살 희망을 갖는다. 하지만 1972년에 '8.3 사채 동결 조치'가 발표되어, 가발공장에서 죽어라 모은 돈이 묶인다. 천두만을 비롯해서 여러 직원들은 자신의 돈을 회사에 빌려주고 이자를 받아 왔는데, 이자가 줄고 원금도 찾을 수 없게 되었다. 천두만의 딸은 더 혹독하게 일을 해야 했는데, 그러다 밤길에 뺑소니 교통사고로 목숨을 잃게 된다. 천두만은 딸도 잃고, 꿈도 잃고 만다.

> 고향을 떠나오며 5년이면 고향으로 되돌아갈 수 있으리라 생각했었다. 그러나 그건 어림없는 일이었고, 10년이 후딱 넘어갔다. 그래도 10년의 세월은 무심하지 않아 고향에 다시 자리잡을 수 있는 종잣돈을 모을 수 있게 해주었다. 그런데, 회사에 빌려준 돈을 묶어버린 그 사건은 고향에 돌아갈 꿈을 산산이 조각내고 말았다. -『한강 7』 101쪽

이렇듯 『한강』은 단순히 과거의 역사적 사건을 다루는 것이 아니라, 여러 등장인물을 통해 현재에도 우리가 겪을 법한 사회적 갈등과

분열, 정치적 상황을 보여 준다. 조정래 작가는 과거와 현재가 얼마나 깊은 연결을 맺고 있는지, 끊임없이 변화하는 상황 속에서 우리가 나아가야 할 방향이 무엇인지를 고민해 보게 한다.

정치에 관심이 없던 20대, 이 책을 만난 이후 정치와 사회에 대해 더 깊게 살펴보게 되었다. 그리고 더 나은 미래를 위해 무엇을 고민하고 행동해야 할지 생각해 보게 되었다. 지금 우리나라는 선진국 반열에 올랐고 이전에 비해 부족한 것 없이 살 수 있는 환경이 되어서, 불과 몇 십 년 전에 일어났던 사건들이 낯설게 다가올 수도 있다. 『한강』과 같은 소설을 읽는다면 교과서보다 생생하게 현대사의 민낯을 바라볼 수 있고, 현실을 비판적으로 보는 시각을 가질 수 있을 것이다.

최용훈 리딩에듀 북트레일러 연구소장

28 스물여덟 살

출판인 대신
목욕인으로 성장하다

스물여덟, 나는 청년 실업자였다. 직전에 다니던 출판사가 경제위기로 사라졌기(?) 때문이었다. 하여 그해 봄부터 나는 단기 알바를 뛰면서 새 직장을 구하느라 동분서주했고, 마침내 가을에 한 통의 기쁜 연락을 받았다. 꽤 오래 좋아해 오던 한 출판사로부터 높은 경쟁률을 뚫고 1차 합격했다는 소식이 온 거였다. 만전을 기해야겠다 싶어 친구들과 함께 모의면접도 하고, 편집장 인터뷰도 살피고, 출판사 연혁을 따라 기간 도서도 꼼꼼히 분석했다. 할 수 있는 나름의 준비를 모두 마친 후 홀가분한 마음으로 면접장에 갔다. 하지만 '인생은 실전'이라 했던가. 만반의 준비가 무색하게 현장에서 주어진 과제는 안 그래도 긴장해 있던 나를 돌덩이로 만들었다. 모의면접 때는 청산유수로 나오던 자기소개도 머릿속에서 이리저리 뒤엉켜 제대로 말이 나오지 않았다. 유야무야 면접을 마치긴 했으나 나는 예감했다. 탈락이구나. 그리고 예감은 적중했다.

모아 둔 돈은 사라져 가는데 전세대출 이자는 매달 야금야금 오르는, '인생'과의 피 말리는 분투 속에서 스물여덟의 3분기가 지나고 있었다. 얼른 기운을 차려야 했지만 이 날의 탈락 이후 나는 한동안 건강한 마음으로 되돌아오지 못했다. 또다시 언제 올라올지 모를 구인 공고를 기다리고, 그중에서도 나와 결이 맞을 듯한 기업을 살펴 서류를 넣고, 와중에 단기 알바는 계속 뛰면서 통장 잔고는 지켜야 하는 일을 단번에 말끔한 정신으로 재개하기가 어려웠다. 그리하

여 다시 노트북을 켜고 구직 사이트에 들어가는 대신, 방바닥에 누워 눈앞의 책 한 권을 펼쳤다. 전직 건축사사무소 직원인 저자가 일본의 주요 목욕탕 24곳을 세밀한 건축 도법으로 그린, 귀엽고 따뜻한 책 『**목욕탕 도감**』(엔야 호나미, 수오서재)이었다.

별생각 없이 읽기 좋은 그림 도감인 데다 내가 애정하는 '목욕탕'이 주제인, (이날을 예상하지 못한 채) 면접 몇 시간 전 근처 책방에 들렀다가 우연히 발견해 기분 좋게 샀던 책이었다. 책을 펼치니 지은이는 내 또래로 보이는 젊은 여성이었다. 그는 서문에서 이렇게 밝혔다.

목욕탕을 그리게 된 계기는 번아웃이었어요.

그는 엄청난 업무량에 몸과 마음이 모두 탈진해 있을 때, 의사와 친구의 권유로 찾은 목욕탕에서 기운을 차릴 수 있었다고 했다. 그리하여 이 책을 쓴다고, 누구라도 목욕탕의 새로운 매력을 발견해 사라져 가는 목욕탕 문화가 계속되길 바란다고 했다. '사라져 가는 목욕탕 문화'라는 말에 동감했다. 적어도 내 주변에서 몸과 마음의 해독을 위해 혼자서 주기적으로 목욕탕에 다니는 또래 여성은 이제 아무도 없었으니까.

그대로 책에 빨려 든 나는 찬찬히 책을 넘기기 시작했다. 책은 초심자를 위한 정겨운 대중탕부터 마스터를 위한 궁극의 목욕탕까지, 일본의 주요 목욕탕들을 세필과 수채화 물감으로 정성스레 그린 그림을 담고 있었다. 더불어 목욕탕에 얽힌 동네 이야기와 개성 넘치는 욕조들, 중간중간 유용한 목욕 팁을 깨알같이 소개했다. 그리고 무엇보다 주인부터 손님까지, 어른부터 아이까지 탕을 이루는 사람 모두를 따스한 시선으로 그리고 있었다.

마지막 장을 덮고 나자 따뜻한 온탕에 몸을 담근 듯 마음 안에 훈기가 일었다. 그 순간 나도 몰래 내뱉은 한마디. '살 것 같네.' 귀한 책을 발견한 기쁨을 발판 삼아, 나는 무력감에 며칠간 침대 위에서 꿈쩍도 하지 않던 몸을 일으켰다. 그리고 곧장 집 앞 목욕탕으로 내달렸다.

지은이 엔야 호나미는 43℃의 물 온도를 가장 좋아한다고 했다. 나도 나만의 최애 온도를 찾고자 온탕, 열탕, 옥약탕, 냉탕, 마사지탕을 들락날락해 보았다. 실험 결과, 나는 40℃를 최적이라고 느꼈다. 평소 1세트로만 끝마치던 냉온욕(냉탕과 온탕을 번갈아 들어가는 입욕법)도 여러 번 시도해 본 결과, 나는 최대 4세트까지 가능하다는 것을 알아냈다. 건식 사우나와 습식 사우나도 천천히 오가며, 내가 바싹 뜨거워짐을 즐기는 건식파가 아닌 녹녹하게 후텁지근해짐을 즐기는 습식파라는 것도 알 수 있었다. 어쩐지… 태어나 처음으로 목욕인으로서 성장하는 기분이었다. 노천탕에서 외기욕까지 마친 뒤 한결 가벼워진 마음을 이끌고 대합실로 가 식혜를 사 왔다. 식혜에 빨대를 꽂고(이 외의 빨대 사용은 지양하는 편이다. 이 경우엔 탕 안에 식혜를 흘릴까 봐 쓴다.) 다시 온탕에 들어갔다. 이 순간에 대해서는 그날 쓴 일기로 대신한다.

> **목욕탕에 오면 내가 꼭 하는 일이 있다.** 온탕에서 식혜 마시기다. 샤워부터 싹 마친 뒤 탕 밖의 대합실에서 식혜를 산다. 식혜 냉장고가 따로 있는 곳은 대개 식혜에 살얼음이 동동 떠 있어 식혜가 아주 차다. 그 차가움이 중요하다. 곧바로 다시 온탕에 들어가 앉아 식혜를 빨대로 쮸읍 마신다. '쮸읍'이 중요하다. 위장은 한순간 극도로 시원해지는데 몸은 온탕 속이라 뜨뜻하니, 그 언밸런스에서 오는 극락이 정말 최고다.

그러니까 내게는 『**목욕탕 도감**』에 빚진 어느 하루가 있다. 이날을 기점으로 나는 차분히 기운을 차릴 수 있었고, 사우나를 즐기는 목욕인으로서의 정체성 또한 더 단단히 할 수 있었다. 이는 내가 나를 좀 더 잘 알게 되었다는 뜻이 아니겠나. 내가 나와 참답게 친할 때 삶은 정답다. 책 한 권이 줄 수 있는 기쁨 치고는 꽤 근사한 기쁨이 아닌가? 오래도록 목욕인으로서의 나를 잃지 않고 싶다.

PS. 그해 12월, 나는 학교도서관저널의 잡지 기자가 되었다. 어쩌면 이 책 덕분일지도…!

김상화 학교도서관저널 기자

● **함께 읽으면 좋을 책**

『**도쿄 호텔 도감**』 엔도 케이, 윌북
『목욕탕 도감』에 등장하는 대중탕의 대부분이 도쿄에 있다. 혹시 '도쿄 목욕탕 여행'을 생각 중이라면, 마침 지난해 9월에 발간된 이 책을 함께 읽고 호텔과 목욕탕 둘 다 즐겨 보면 어떨까 싶다.

28 스물여덟 살

뮤지컬로 접한 작품을
책으로
더 깊이 이해하다

성인이 되어서야 알게 된 뮤지컬의 세계는 놀랍도록 강렬하고 신선했다. 화려하게 흩뿌려지는 조명과 정확한 때에 정확한 장소로 이리저리 움직이는 무대 장치, 넓은 공연장을 웅장하게 메우던 노랫소리가 가슴속 깊은 곳 어딘가를 건드렸나 보다. 대학생 시절 첫 번째로 맛보게 된 뮤지컬 〈노트르담 드 파리〉의 여운이 10년을 훌쩍 넘어 아직까지도 생생한 걸 보면 더욱 그렇다.

여러 차례 뮤지컬을 감상하며 알게 된 사실인데, 스테디셀러를 원작으로 한 뮤지컬이 생각보다 많다. 그런 뮤지컬은 오롯이 각본만으로 짜인 뮤지컬보다 탄탄한 줄거리와 콘텐츠의 흥행이 뒷받침되기에 재미와 감동이 이미 담보되어 있다고 볼 수 있다. 게다가 문학과 음악이라는 두 가지 예술 형식이 만나는 순간의 특별함은 경험해 본 사람만 알 것이다. 가장 인상적이었던 작품을 꼽아 보라면 주저 없이 이렇게 답하겠다. 빅토르 위고 원작의 〈웃는 남자〉라고.

〈웃는 남자〉는 뮤지컬에서 느꼈던 감동도 컸지만, 원작을 읽고 이전보다 몇 배나 더 큰 감동을 받아서 더욱 기억에 남는다. 〈지킬 앤 하이드〉, 〈프랑켄슈타인〉, 〈레 미제라블〉 등은 원작 책을 읽어서 이미 이야기를 알고 뮤지컬을 감상했다면, 〈웃는 남자〉는 아무런 정보 없이 감상했다. 뮤지컬로 먼저 접한 뒤 자연스레 원작에 대한 호기심으로 이어졌고, 이후 독서를 통해 나는 인생책이 무엇이냐는 질문에 빅토르 위고의 『웃는 남자』(더스토리)를 가장 먼저 대답하는 사람이 되었다.

당시 이 책을 정말 좋아하던 동료 교사에게 선물하기도 했다. 뮤지컬을 함께 감상한 선생님이었다. 지금은 남편이 된 남자친구에게도 선물했다. 당시 나를 좋아하고 도서관에 거의 매일 방문하던 고등학교 1학년 학생이 3명 있었는데, 그 학생들과 함께 읽고 이야기를 나누기도 했다. 좋은 사람들과 좋은 책을 함께 읽고 이야기를 나누는 행복을 이 책을 통해 마음껏 누렸다.

『웃는 남자』는 17세기 영국에서 실제로 존재했던 어린이 인신매매단인 '콤프라치코스'의 실화를 바탕으로 한다. 주인공 그윈플랜은 어린 시절 콤프라치코스에 팔려 괴이한 수술을 받고 평생을 웃는 얼굴로 살아가야 하는 불쌍한 운명을 지녔다. 가족에게 버림받고, 많은 사람들에게 놀림거리가 되고, 평생 남들과 다르게 살아야 하는 그의 삶은 불행으로 점철된 것만 같다. 그런데 막상 책을 다 읽고 나면 그 비극적인 결말에도 불구하고 이렇게 생각하게 된다. '그윈플랜의 삶에 불행만 있었던 것은 아니구나.' 그의 곁에는 그를 사랑하는 사람들이 있었다. 외모나 지위 같이 겉으로 드러나는 것들로 사람을 판단하지 않고 있는 그대로의 모습을 온전히 사랑해 주는 진짜 가족 말이다. 그는 새로 얻게 된 가족을 통해 사랑을 알게 되었다. 한 번 사는 인생에서 진정한 사랑을 한 번이라도 경험할 수 있다는 건 행운이 아닐까.

그래서 이 책을 관통하는 주제를 사랑이라고 말하고 싶다. 시점의 변화와 자잘한 스토리는 뒤로 제쳐 두고, 큰 흐름에 집중해 보면 누구나 그렇게 생각할 것 같다. 책의 세세한 내용을 다 담아내지 못한 뮤지컬에서도 이 부분을 생생하게 느낄 수 있다. 사랑의 놀라움, 그 위대함에 대해 말하는 책이다. 읽고 나면, 흙바닥을 구르며 잔뜩 구겨져 버린 인생이라 할지라도 진정한 사랑을 주는 사람 한 명만 있다면 온몸에 묻은 흙을 털어 버리고 가슴을 펴고 당당하게 걸어갈 수 있음을 마음으로 깨닫게 된다. '내게는 그런 사람이 있나?', '나는 누군가에게 그런 사람이 되어 주었나?' 같은 질문을 던지며 삶을 돌아보게 된다. 이 책은 사람의 가치에 대해서도 깊이 생각하게 한다. 그윈플랜은 기괴한 외모 때문에 사회에서 철저하게 격리되고 소외받는 인물이다. 그러나 그의 마음속은 따뜻한 사랑과 연민, 희망으로 가득하다. 인간의 가치를 외적 조건으로 찾지 않고, 내면의 힘과 따뜻함에서 찾기 원했던 작가 위고의 가치관이 여실히 드러난다.

선생님과, 남자친구와, 학생들과 함께 읽고 나누는 동안 이 책은 내 마음속에서 더욱 짙어졌다. 주제에 관한 이야기뿐 아니라 사회의 불평등과 부조리, 작가의 섬세한 문체와 캐릭터 설계 등 내가 관심을 기울이지 못했던 부분들을 짚어 볼 수 있었기 때문이다. 『**웃는 남자**』는 단순히 개인의 비극에만 초점을 맞추지 않고 불평등한 사회와 계급 간의 갈등을 신랄하게 드러낸다. 그런 현실 속에서도 사랑과 희망이라는 작은 씨앗을 가슴에 심고 살아가는 주인공을 통해 더욱 깊은 감동을 준다. 나아가 작가의 섬세한 문체와 다면적인 캐릭터 설정은 책의 문학적 가치를 더한다. 만연체와 잦은 시점 변화 때문에 위고의 작품을 읽기 힘들다고 평하는 사람들도 있다. 하지만 포기하지 않고 끈질기게 흐름을 따라가다 보면 모든 것이 완벽하게 하나의 점을 이루는 결말을 만나게 될 것이다.

최윤정 서울 삼성고 사서교사

30대

30 도대체 답을 알 수 없는 일도 있고 답은 이미 정해져 있지만 이러지도 저러지도 못할 때가 있다. 그럴 때 나와 닮은 산문집 하나 있으면 좋겠다.

30 나는 일곱 살밖에 안 된 엄마라는 걸 깨달았다. 실수를 해도, 모르는 것이 있더라도 괜찮을 나이였다.

33 인생책을 들여다보면 사람과 연결되어 있다.

35 긍정적인 기운을 주변 사람에게 전달하는 좋은 어른, 멋진 어른으로 늙어가고 싶다.

35 우리 아이들의 독서환경은 평등해야 한다고 생각했다.

36 책에서 배운 가치는 학교도서관이라는 공간에서 나의 궤적을 그리는 지혜를 주었다

39 '안녕, 그동안 잘 지냈니? 힘들었지? 나도 그래. 대견하다. 각자 최선을 다해 살아오고 우리 또 만났구나.'

39 내가 누군가와 어떻게 살아가고, 누군가의 곁에 어떤 의미로 존재하고 싶은가 생각한 시간이었다.

30 서른 살

보통의 끌림

딱 서른이었다. 지극히 평범한 시간 속에서 살고 있었다. 별나 본 적 없고 못나게 굴던 적도 없다. 학교에서 하는 모든 활동은 항상 보통의 평가를 받았다. 싫어하는 게 많지 않으니 좋아하는 것도 딱히 없다. 그렇게 남들 하는 거 나도 하면서 적당히 살다 보니 서른 살이 되었다. 보통 사람인 나에겐 결혼하고 아이를 낳아 안정적인 가정을 이루어야 하는 과업이 남아 있었다. 주변 친구들은 그 엄청난 일들을 척척 해 나가고 있었다. 부모님도 나에게 그런 것들을 대놓고 바랐다. 하지만 내 안에는 지금까지 지나온 길이 아닌 다른 길이 희미하게 보이기 시작했다.

회사 근처에 대형서점이 있어서 자주 들락거렸다. 현실이 싫어지면 서점에 가서 소설책들을 뒤적이며 잠시 이 세상의 일을 잊곤 했다. 자기계발서나 산문집은 보지 않았다. 굳이 다른 사람의 생각을 읽고 싶지 않았다. 마치 나에게 하는 잔소리처럼 느껴졌다. 대단한 생은 아니지만 그만하면 혼자서 잘 살고 있다고 믿었기에 다른 이의 이야기는 궁금하지 않았다. 그런 나에게 정말 우연하게도 이병률 시인의 산문집 『끌림』(달)이라는 책이 손에 잡혔다. 아마도 누군가의 대답이 필요했던 순간이었던 것 같다. 내가 지나온 길이 아닌 다른 길에 들어서도 괜찮은지 묻고 싶었을 것이다.

회사 생활도 어느덧 6년 차에 접어들었다. 일도 동료도 다 좋았다. 작은 회사였지만 내실 있고 나를 필요로 하는 곳이었다. 다양한 나라의 사람들을 만날 기회가 있었고 새로운 경험을 할 기회가 많았다. 그럼에도 변화가 필요한 순간이 찾아온 것이다. 간절히 원했던 일은 아니지만 해 보고 싶었던 일에 마음이 조금씩 끌렸다. 장애인과 함께할 수 있는 일을 해 보고 싶었다. 고3 때 막연하게 특수교육과 진학을 원했지만 담임의 "이게 뭔지 알아?" 한마디에 그냥 경제학과로 가고 말았다. 문과에 수학을 그렇게나 많이 해야 하는 학과가 있는 줄은 대학에 가서야 처음 알았다. 그때의 아쉬움이었을까. 서른이 되면서 그 아쉬움은 미련으로 남아 나를 조금씩 흔들기 시작했다. 그저 평범하게 중간만 하고 살자던 나에게 그런 흔들림은 낯설었다. 내 주변엔 다른 길을 가는 이가 없었기에 물어볼 곳이 없었다. 조금은 답답한 마음에 별생각 없이 펼친 책의 첫 챕터에 내 질문에 대한 답이 있었다.

열정은 건너는 것이 아니라, 몸을 맡겨 흐르는 것이다.

'열정'이라는 단어는 나와는 어울리지 않는다고 생각했다. 뭔가를 애써 열심히 해 본 적도 없고 그만큼 원하는 것도 없었다. 지금 내가 하고 싶은 일도 미치도록 하고 싶었던 건 아니다. 그냥 왠지 모르게 마음이 꿀렁이는 정도랄까. 작가는 이런 내 마음도 열정이라 말해 주었다. 내 앞에 놓인 강을 반드시 건너라는 것이 아니다. 그저 강물에 몸을 맡기고 먼 길을 떠나 보라며 내 등을 살포시 밀어 주었다. 어떻게든 흘러가겠지 하는 심정으로 회사에 사표를 내고 새로운 30년을 살아 보기로 마음먹었다. 처음 30년이 정해진 길이었다면 두 번째 30년은 내가 만드는 길로 가 보기로 했다. 평균 수명이 길어졌으므로 곧 세 번째 30년도 어떤 길로 갈지 여기저기 기웃거릴 참이다.

그렇게 『끌림』은 나의 첫 산문집이자 인생책으로 등극했다. 책으로 나의 생각과 마음을 공감받은 첫 경험이었다. 15년이 흐른 지금도 이 책을 읽으면 혼자 여행하며 이곳저곳에서 느꼈던 감정의 단상이 떠오른다. 베니스에 첫발을 내디딘 순간 질렀던 탄성과 가을밤 발길 닿는 대로 좁은 골목을 헤집고 다녔던 기억, 낭만과 혐오가 뒤섞인 파리, 옆에 앉은 낯선 동양인에게 호기심 어린 눈빛으로 말을 건네던 이방인들, 그리고 무심코 떠올렸던 그 당시의 생각들까지도 소환된다. 친구와 이야기하듯 책과 대화를 나눈다. 산문집을 읽는 이유가 바로 이런 것이었다.

모두의 삶은 닮은 듯 다르다. 닮아서 함께 이야기 나눌 수 있고 달라서 다른 사람의 이야기에 귀 기울일 수 있다. 살다 보면 이런저런 고민은 피할 수 없다. 도대체 답을 알 수 없는 일도 있고 답은 이미 정해져 있지만 이러지도 저러지도 못할 때가 있다. 그럴 때 나와 닮은 산문집 하나 있으면 좋겠다. 이 사람은 무슨 생각으로 사는지 찬찬히 들여다보면 나와 별반 다르지 않다는 생각에 지금의 고민이 시시하게 느껴질 것이다. 혹은 책이 이끄는 대로 내 앞의 강물에 발을 첨벙 담그게 될지도 모를 일이다. 나처럼….

이미화 시흥 배곧고 특수교사

● **함께 읽으면 좋을 책**

『**날씨가 좋으면 찾아가겠어요**』 이도우, 수박설탕
겨울이 되면 생각나는, 시리도록 따뜻한 소설책. 굿나잇 책방에 모인 다양한 삶의 이야기가 나를 위로해 준다.

『**사물의 뒷모습**』 안규철, 현대문학
잠시 그 자리에 멈춰 서서 자세히 들여다보라. 앞에 보이는 게 다는 아니다. 내가 아는 나도 그게 전부는 아닐 거다.

『**오리건의 여행**』 라스칼, 미래아이
꿈과 자유를 찾아 떠난 두 친구의 여정이 슬프고도 아름답게 그려져 긴 여운을 남긴다.

30 서른 살

엄마는
그냥 되는 게
아니구나

"엄마~ 책 선물 왔어. 나 이 책 읽어 줘!"

2019년에 1년간 무료로 그림책을 받을 수 있는 프로그램을 신청했었다. 한 달에 한 번, 선택한 그림책이 집으로 배송되었다. 선물이 왔다며 하루 종일 책을 읽어 달라는 딸아이 덕에 "아유 피곤하다, 피곤해." 하면서도 아이가 가져온 책을 다 읽어 주었다. 피곤하고 힘들어서 그냥 눕고 싶은 마음이 굴뚝같았지만, '엄마'이기에 몸을 일으켰다.

내가 무엇을 하고 싶어도 그것을 뒤로 하고, 아이를 먼저 챙겨야 하는 것. 그것이 엄마라고 생각했다. 엄마이기에 아이를 씻기고 먹이고 돌보았다. 누구도 나에게 엄마를 하라고 시킨 적 없었고 나의 선택이었다. 나이가 들었기에 결혼을 하고, 일정 시간이 지났기에 아이를 낳는 것이 수순이라고 생각했다. 아이를 낳으면 엄마가 되는 줄 알았다. 하지만 엄마는 그저 되는 것이 아니었다. 준비되지 않은 나는 엄마라는 무게가 너무 무거워서 혼자 위태위태했다. 어떻게 하는 것이 아이에게 더 나은 선택인지 몰라 항상 전전긍긍했고, 주위의 이야기에 귀가 팔랑팔랑하며 한없이 가벼워졌다. 나의 기준은 없이 다른 이들이 좋다고 하면 호로록 휩쓸렸다. '나는 왜 모자란 엄마인가?' '왜 우리 엄마 같은 엄마가 되지 못할까?' 자책만 했다. 그러다 보니 우울감만 쌓이고, 자존감이 낮아지고 있었다. 그렇게 속이 곪아 가던 중 만난 책이 『동갑내기 울 엄마』(임사라, 나무생각)이다.

그날도 그림책이 배송되었다. 다른 날과 같이 책을 읽어 달라며 신나 있는 아이를 곁에 뉘고 그림책을 바라보았다. 『**동갑내기 울 엄마**』를 들고 책장을 넘겼다. 아픈 할머니의 병문안을 가는 길. 샛노란 은행잎이 떨어지고, 손을 맞잡은 모녀는 어딘지 모르게 쓸쓸해 보였다. 시작부터 코끝이 찡해졌다. 책장을 넘기며, 먼저 눈으로 읽어 보고 큰일 났음을 감지했다.

엄마가 된 지 고작 7년, 나는 일곱 살밖에 안 된 엄마라는 걸 깨달았다. 실수를 해도, 모르는 것이 있더라도 괜찮을 나이였다. 이 책은 힘들어 하는 나에게 괜찮다고 이야기하는 것 같았다. 코끝이 찡하더니 금방 눈물이 차올랐다. 못난 엄마가 아니라고, 원래 그렇게 엄마가 되어 간다고 위로해 주는 것 같았다. 그제야 나는 엄마가 되었다. 누구의 말에도 흔들리지 않고, 내가 만들어 가는 엄마가 될 수 있었다. "미안해." 하고 입버릇처럼 아이에게 하던 말들이 줄어들고 "괜찮아!" 하고 다독일 수 있게 되었다. 아이는 물론이고, 나도 다져지고 있었다. '괜찮아. 나는 이제 겨우 7살 엄마잖아.' 하고 말이다. 그렇게 되니, 아이를 키우는 것도 더는 힘들지 않았다. 하나하나 배워 나가며 내 아이에 맞는 엄마가 될 수 있었다.

둘째를 낳았을 때는 엄마 경력 8년차라 괜찮을 줄 알았다. 하지만, 다시 깨달았다. 나는 이제 겨우 둘째를 가진 엄마 1년차라는 걸. 새로운 엄마가 되어 가고 있다는 것을 알았다. '아이를 키워 봤는데 왜 이렇게 힘들까?' 하는 생각으로 머리가 꽉 찼었는데, 그렇게 생각하니 모든 것이 괜찮았다. 아이가 느려도 조바심이 나지 않았다. 내 속도에 맞춰 주지 않는 아이가 괜찮아지기 시작했다. 이번엔 『녁 점 반』(윤석중, 창비)을 읽고 난 뒤였다. 해가 꼴딱 져 집으로 돌아온 아이가 "시방 녁 점 반이래." 하고 집으로 들어서는 모습과 그런 아이를 바라보는 엄마의 모습은 아이의 속도를 이해할 수 있게 했다.

아이를 둘이나 키운 엄마라고 나에게 조언을 구하는 지인들에게 오늘도 한 권의 책을 권한다. 그리고 힘들어하는 엄마에게 괜찮다고, 이제 겨우 엄마 나이 n살이라고 말한다. 힘들어하던 나를 일으켜 세위 준 책들을 슬쩍 밀어 보이며 스스로 다독일 수 있도록.

배수진 서울 중계중 사서

● **나를 엄마로 키워 준 책**

『**아름다운 탄생**』 엘렌 드뤼베르, 비룡소
임신과 출산으로 몸의 변화를 느끼게 될 예비 엄마를 위한 페이퍼아트 그림책

『**엄마 도감**』 권정민, 웅진주니어
아이가 바라보는 엄마의 모습은 어떨까? 신생아를 키우며 힘들어하는 엄마의 모습을 차근차근 바라볼 수 있게 해 주는 그림책

『**이상한 엄마**』 백희나, 스토리보울
바쁜 자신을 대신할 '이상한 엄마'가 있으면 좋겠다 싶은, 일하는 엄마를 위로해 주는 책

『**열까지 세면 엄마가 올까?**』 마루야마 아야코, 나는별
동생을 본 첫째 아이의 마음을 한 번 더 헤아려 볼 수 있는 책

『**순이와 어린 동생**』 쓰쓰이 요리코, 한림출판사
어린 동생을 돌보는 아이가 있는 집에 추천하는 그림책

33 서른세 살

#게임소설 #우정소설
#사랑소설 #성장소설
#인생소설

33살에 인생책을 만났다. 어쩌면 고운샘이 추천했기 때문일 수도, 어쩌면 그냥 게임 얘기였기 때문일 수도, 어쩌면 '그 일'이 있고 난 뒤였을 수도. 무슨 이유를 대든 이 책은 내 인생책이 되기에 충분했다.

33살의 겨울, 좋아해서 꾸준히 해오던 MMORPG 게임이 내 가치관과 다른 방향으로 발전하고 있다는 것을 깨닫고 그만하게 되었는데, 그만두는 과정에서 게임을 같이하던 친구들과 약간의 마찰이 있었다. 마음과 가치관이 다르다는 걸 알게 됐지만, 그래도 함께 지낸 몇 년의 추억과 함께 레이드를 돌며 쌓은 전우애가 너무 소중했어서 친구들과 멀어지기로 결심한 날 많이 울었다.

33살, 좋아하던 게임에게, 친구들에게 배신당한 것 같아 속상한 마음을 고운샘에게 털어놓았는데, 고운샘은 가만히 내 얘기를 들어주다가 생각나는 책이 있다며 그 자리에서 서점 어플을 켜고 책을 우리 집으로 주문해 주었다.

33살에 만난 이 책은 바로 개브리얼 제빈의 『**내일 또 내일 또 내일**』(문학동네)이다. 이 책은 우정에 대한 이야기이기도 하고, 사랑에 대한 이야기이기도 하며, 같이 게임을 만들어 가는 친구들의 성장소설이기도 하다. 게임을 만들어 나가는 과정이 주요 스토리다 보니 게임에 대한 용어, 장면이 많아서 게임이 취미인 내가 푹 빠질 수밖에 없었다.

33살, 임용 발령 후 처음으로 학교를 이동하고 새 학교에서 고운샘을 만났다. 사실 알고 지낸 시간은 그리 길진 않지만 책과 커피를 좋아한다는 공통점이 있고, 어떤 주제든 편하게 의견을 주고받을 수 있어서 금세 깊은 대화를 나눌 수 있게 됐다. 함께한 지 1년 가까이 되어 가던 겨울, 마음고생으로 힘든 시절에 고운샘이 선물한 책이라 읽으면서도 고운샘이 왜 나에게 이 책을 선물해 줬을까 계속 생각하게 됐다. 책을 읽으면서 그 이유를 추측해 보는 재미가 독서의 재미보다도 컸다.

> *게이머 세이디는 그 장면이 성차별적이고 뜬금없다고 생각했다. …… 세이디 같은 여자들은 게임계뿐만 아니라 어떤 곳에서도 성차별자들을 모른 척하도록 길들여졌다. 그런 걸 지적하는 건 쿨하지 못했다. 남자들과 어울리고 싶다면, 그들이 내 옆에서 눈치를 보게 하면 안 됐다.* (81쪽)

혹시 이 부분 때문인가?

"실패를 어떻게 극복해?"
"다시 일하는 거야. 실패가 네게 준 조용한 시간을 기회로 삼아야지. 너한테 신경 쓰는 사람은 아무도 없다는 걸 생각해. 컴퓨터 앞에 앉아서 또 다른 게임을 개발하기에 완벽한 시간이잖아. 다시 시도해. 그리고 더 멋지게 실패해." (354쪽)

아! 이 부분 때문이네!

"제가 뼛속까지 믿고 있는 것은, 버츄얼 세계가 현실 세계보다 더 나아질 수 있다는 겁니다. 더 도덕적이고, 더 정의롭고, 더 진보적이고, 더 공감하며, 차이와 다름을 더 폭넓게 수용할 수 있습니다. 그렇게 될 수 있다면, 되어야 하지 않겠습니까?" (406쪽)

아, 이 부분 때문이었나 보다.

샘은 〈메이플월드〉에 몇 년을 거주했던 사람이라도 그냥 사라져 버리면 끝이라는 게 마음에 들지 않았다. 거주민이 어느 날 다시는 로그인하지 않겠다고 결정해버리면 끝이었다. 샘은 게이머가 게임을 떠나길 원한다면 그 길을 열어주는 편이 더 건전하다고 생각했다. (585쪽)

와, 진짜 이 부분에서 내가 생각났나 보다. 결국 책의 모든 부분이 나를 위한 내용 같았다.

33살이 되는 동안 재밌고 행복한 책은 많이 접했다. 인생책이라는 것은 단순히 내용이 좋기 때문이 아니라 접하게 되는 과정도 포함한다는 생각이 들었다. 후에 학교에서 '선생님의 인생책'을 주제로

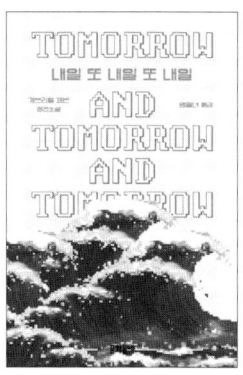

북큐레이션을 했었는데, 다들 책 선정 이유에 가족, 선생님, 친구에 대한 얘기를 써 주었다. 인생책을 들여다보면 사람과 연결되어 있다. 누군가 추천해 줘서, 누군가 선물해 줘서, 누군가 생각나서, 누군가 이 책을 읽고 내가 생각났다고 해서.

실제로 책을 선물 받고, 왜 '이 책'을 '고운샘'이 '나'에게 주었을까 추측하는 독서의 모든 과정에서 정말 많은 위로를 받았다. 그러니 나의 인생책은 『내일 또 내일 또 내일』이다. 책 내용도, 이유도, 사연도 충분하니까.

권경진 영등포여고 사서교사

35 서른다섯 살

두 친구와 함께
걸어갈
나의 인생길

2003년 1월 1일, 작은언니가 37세에 갑자기 하늘나라로 갔다. 8세, 3세 어린 두 자식을 남겨 놓고 타고 있던 삶이라는 기차에서 혼자만 내려 버렸다. 갑작스런 이별의 상황에 나는 그저 가슴을 치며 눈물만 흘릴 수밖에 없었다. 상실의 아픔으로 무기력하던 내게 어떻게 하루하루를 살아야 하는지를 알려 준 책이 미치 앨봄의 **『모리와 함께한 화요일』**(살림)이다. 이 책은 루게릭병에 걸려 시한부 인생을 살게 된 모리 슈워츠라는 사회학과 교수가 그의 제자 미치 앨봄과 매주 화요일에 만나 '인생의 의미'라는 주제로 강의한 내용을 기록한 것이다. 이 책을 통해 모리 교수는 세상, 자기연민, 후회, 죽음, 가족, 감정, 나이 드는 두려움, 돈, 결혼, 문화, 용서 등 다양한 주제에 대한 지혜를 세상 사람들에게 남겼다. 시한부의 삶을 살게 된 모리 교수는 죽음을 두려워하지 않았다. 자신에게 주어진 시간에 자신이 좋아하는 강의를 하고, 방송을 통해 세상 사람들에게 긍정의 에너지를 전달하는 모리 교수의 마지막 모습에 마음이 뭉클해졌었다. 모리 교수의 이 마지막 화요 강의는 평가도 점수도 없다. 강의에 참가한 자신의 제자 미치 앨봄과 이 책을 읽은 독자에게 삶과 죽음에 대해 깊게 생각해 볼 수 있는 귀한 기회만 선물처럼 선사할 뿐이다.

"어떻게 죽어야 좋을지 배우게. 그러면 어떻게 살아야 할지도 배우게 될 거야."

이 문장을 보면서 삶과 죽음에 대한 한 이야기가 생각났다. 사람은 인생길을 걸어갈 때 한 손에는 '生'을, 한 손에는 '死'라는 친구의 손을 잡고 걸어간다고 한다. 대부분의 사람이 '生'이라는 친구만 친하게 생각하고 그와 만나는 동안의 일만 중요하게 여기며 사소한 일에 집중하곤 한다. 하지만 우리는 '死'라는 친구의 손도 잡고 있고, 그 친구와 해야 할 일이 굉장히 많다. 모리 교수는 '生' 친구와 함께 있는 동안 자신의 감정을 잘 살피고 자신만의 문화를 만들어 가라고 조언한다. 내 주변에 있는 사람에게 긍정의 에너지를 전파하면서, 1등만 추구하지 말고 '2등이면 어때' 하는 여유를 가질 것도 권한다. 바쁘게 앞만 보며 돌진하지 말고 때론 옆도 보고 뒤로 돌아보면서 자기 삶의 방향을 확인하고 가는 태도의 중요성을 말해 주는 것이리라.

한국에도 모리 교수처럼 주변 사람들에게 안정감과 희망을 주며 자신이 생각한 바를 묵묵히 실천하며 살아오신 분이 있다. 바로 〈어른 김장하〉(김현지, MBC경남)라는 다큐멘터리의 주인공 김장하 선생이다. 그는 진주에서 60년 동안 한약방을 운영하며 모은 재산을 교육과 문화 운동을 위해 썼다. 사회 권력층의 부당한 요구나 제안에는 아랑곳하지 않고 본인의 철학과 기준을 지켰다.

> 돈은 똥과 같아서 모아 두면 악취가 나는데, 필요한 곳에 골고루 뿌려 주면 거름이 된다.

자신의 부를 장학사업과 사회사업을 통해 사회에 환원하는 김장하 선생의 모습을 다큐멘터리에서 볼 수 있다. 그는 돈이라는 도구를 가지기에 앞서 좋은 뜻을 가진 참 어른이다. 김장하 선생의 삶이야말로 모리 교수가 이야기한 자신만의 문화를 가지고 내 주변의 사람에게 긍정의 에너지와 관심을 쏟는 모범 답안 같은 삶이다. 나는 모리 교수와 김장하 선생의 삶의 방식이 옳다고 생각한다. 이 두 분 같은 삶을 조금이라도 흉내 내면서 살 수 있다면 정말 행복하게 잘 살았다고 평가 내릴 수 있을 것이다.

모리 교수의 삶 정리 방법 중 가장 부러웠던 것은 생전에 모리 교수가 참석한 자신의 유쾌하고 즐거운 장례식이다. 사랑하는 사람들과 행복한 작별 시간을 가지며 자신의 삶을 정리하는 것. 모리 교수가 한 손에 잡고 있던 죽음이라는 친구와 의논하면서 한 의미 있는 일이다. 살아서 치르는 장례식에 참석했던 모리 교수와 그를 사랑했던 많은 사람들은 평생 잊지 못할 행복한 추억의 끈으로 연결되어 있을 것이다.

나는 주변 사람에게 『**모리와 함께한 화요일**』을 즐겨 추천한다. 함께 읽으면서 각자가 생각하는 문화의 개념과 죽음에 대한 생각, 죽음 준비에 대해 이야기를 나누어 보기도 한다. 35세에 처음 접하고 큰 감명을 받았던 이 책을 20여 년의 시간이 지난 지금 다시 읽어 보았다. 이 책을 처음 읽고 느꼈던 감상을 떠올리고 세웠던 계획을 얼마나 실천했는지 되짚어 보면서. 젊은 나이를 부러워하기보다는 앞으로 맞을 새로운 나이에 대한 희망과 기대를 품으며 살아야겠다고 생각했다. 내가 걸은 만큼이 내 인생이듯, 내가 먹은 나이만큼이 내 인생이다. 지금 여기에서 나의 삶을 살아가면서 모리 교수와 김장하 선생처럼 안정감 있고 긍정적인 기운을 주변 사람에게 전달하는 좋은 어른, 멋진 어른으로 늙어 가고 싶은 소망을 조심스레 가져 본다.

신정임 서울 한양공업고 사서교사

● **함께 읽으면 좋을 책**

『**숨결이 바람 될 때**』 폴 칼라니티, 흐름출판
치열한 삶을 살다간 36세 젊은 의사의 처절하고 안타까운 마지막 2년의 투병기

『**나의 장례식에 어서 오세요**』 보선, 돌베개
30대 중반의 젊은 그림 작가가 살아 있는 동안 장례식을 치러본 경험을 그린 그림 에세이

『**있는 것은 아름답다**』 앤드루 조지, 일요일
사진가가 호스피스 병동의 죽음 앞에 놓인 이들의 사진과 이야기를 담은 책

『**너무 울지 말아라**』 우치다 린타로, 한림출판사
죽은 할아버지의 넋이 손자에게 건네는 위로의 말

『**무릎딱지**』 샤를로트 문드리크, 한울림어린이
엄마의 죽음으로 인한 상실의 상처를 극복해 가는 아이의 이야기

35 서른다섯 살

나의 독서환경 이야기

내가 초등학교를 다니던 때는 1960년대 말이었다. 초등학교 4학년이 되도록 교과서 말고 이렇다 할 글자 책을 본 기억이 없다. 그러던 나에게도 책 읽는 것이 너무 기다려지고 재미있어지는 일이 있었다. 당시 서울 변두리 우리 동네 학교는 한 학급에 100명을 육박하는 아이들로 복작거렸다. 4학년 때 우리 반은 97명이었던 걸로 기억한다. 그때 우리 선생님은 날마다 책을 읽어 주었다. 몸집이 단아하고 목소리도 크지 않은 선생님이 교탁 언저리에 서서 책 읽어 주는 소리를, 키가 커서 맨 뒤에 앉았던 나도 고스란히 들을 수 있었다. 특별히 학습동기나 성취동기가 높은 아이들도 아니었을 우리 반 아이들 모두가 선생님의 책 읽는 소리에 집중했다는 이야기다. 아무도 그 분위기를 깨뜨리지 않았다. 어떤 책을 읽어 주었는지 잘 기억나지 않는 것으로 보아, 내용에 상관없이 누군가 나에게 책을 읽어 주는 것 자체가 행복이었던 같다. 우리의 집중력을 감안해 보면 그다지 긴 시간은 아니었겠지만 날마다 그 시간이 나는 너무 재미있고 행복했다.

선생님은 책갈피를 예쁘게 꽂은 책을 교탁 한쪽에 놓아두곤 했다. 요즘 아이들 같으면 달려가 들춰도 보고, 궁금해서 도서관이나 서점으로 달려가기도 했을 텐데, 우리는 그 책상 위의 책을 바라보며 다음 날을 기다렸다. 선생님이 즐겨 입던 초록색 스웨터와 아직 여드름 자국이 남아 있던 하얀 얼굴이 지금도 어제 일처럼 눈앞에 선하다. 그동안 수많은 선생님을 만났지만 그 선생님이 이렇게 각별히 기억되는 이유는 아마도 책을 읽어 주었기 때문일 것이다. 나에게 책을 읽고 싶게 한 우리 선생님, 책 읽기가 쉼이라는 것을 알게 해 준 우리 선생님을 나는 평생 잊을 수 없다. 그때 그 책 읽기는 내 머리를 곱게 쓰다듬어 주었고 내 등을 따뜻하게 도닥여 주었다. 나를 많이 위로하고 쉬게도 해 주었다. 살아오면서 순간순간 나를 바로 세우고 손잡아 준 행복한 기억이다. 책 읽어 주는 선생님을 만난 나는 운이 좋았다. 공교육이 운이라니⋯.

그 후로 나는 읽을거리를 스스로 찾아 나섰다. 이전에는 눈에 보이지 않던 학급문고 몇 권을 찾아 읽었다. 하지만 동네 친구들 누구네 집에도 우리가 읽을 만한 책은 없었다. 학교도서관도 동네도서관도 없었던 그때는 모든 사람이 다 그럴 것이라 여겼다. 상대적 박탈감이 없었다는 얘기다. 그런데 요즘에 내가 만나는 도서관 일이며 독서운동을 하는 내 또래 사람들과 이야기를 하다가 어릴 적 독서환경이 저마다 달랐다는 걸 알게 되었다. 누군가는 소위 세계명작동화전집들(알고 보면 문제가 많은 책들)을 두루 갖고 있었고 당시 출판된 어린이책 단행본이며 〈어깨동무〉 같은 어린이잡지들도 보았다 한다. 부모님 따라 서점 나들이를 다닌 이야기들도 인상적이었다.

'여태까지 어릴 적 내 독서환경이 평범한 것인 줄 알았는데….' 나랑 비슷한 연배의 사람들인데 이렇게 달랐다니 충격이었다. 우리 동네의 부모님들이 경제적으로 문화적으로 사정이 더 어려웠던 탓이었을 것이다. 적어도 독서환경만큼은 기회가 평등해야 하는데 말이다.

　　내 아이들을 키우면서 아이들에게 좋은 책을 골라 주고 싶었다. 1993년에 어린이도서연구회를 만났다. 그때는 우리 어린이문학의 현실을 신랄한 비평과 반성으로 보게 하는 이오덕 선생님의 『**시정신과 유희정신**』(창비)에 크게 공감하던 때다. 마치 내가 독립군이라도 되어야 할 것 같은 생각이 들었다. 우리 삶 저 바닥에 깔려 알지 못할 열등의식이 소위 세계명작동화라 불리며 무분별하게 세상을 휩쓸던 때, 그 책들을 보며 우리들은 교묘히 패배감에 젖어 들지 않았던가? 우리가 쓴 우리 책을 읽히며 열등감을 극복해야 한다고 생각했다. 거기다가 프랑스의 아동 문학가 폴 아자르는 『**책·어린이·어른**』(시공주니어)에서 "아동문학을 무시해도 상관이 없다. 다만, 민족의 넋이 어떻게 형성되고 유지되어 왔는가를, 무시해도 좋다면 말이다."라고 말한다.

민족의 넋을 형성하고 유지하는 힘이 바로 어린이 문학이라는 말이 가슴에 와 꽂혔다.

그래서 어린이도서연구회의 우리 창작 동화 고르는 기준이 가슴에 더 와닿았는지 모른다. 어린이를 삶의 주체로 보는가? 일하는 삶을 귀하게 여기는가? 생명을 귀히 여기는가? 우리의 역사적, 문화적 정서에 맞는가? 통일을 지향하는가? 꿈을 심어 주는가? 더불어 사는 삶을 지향하는가? 정확한 지식을 주는가? 우리나라 작가가 쓰고, 우리나라의 생활 문화가 배경인가?

내 초등학교 시절에서 30년이 지난 1995년에도 독서환경이 내

어릴 적에 비해 하나도 달라지지 않은 현실을 보며, 내 아이를 위한 책을 고르고 내 아이만 챙기려 했던 것이 많이 부끄러웠다. 내 어린 시절을 되돌아보며 부모의 형편이 어떻든 어느 지역에 살든 적어도 우리 아이들의 독서환경은 평등해야 한다고 생각했다. 나의 독서환경운동, 학교도서관운동은 독립운동처럼 서른다섯 살 『**시정신과 유희정신**』과 함께 시작되었다.(나의 깃발이 되어 준 '창비신서 17' 『시정신과 유희정신』이 2017년에 절판되어 안타까웠지만, 2020년에 『시정신 유희정신』(양철북)으로 재출간되어 반가웠다.)

김경숙 학교도서관문화운동네트워크 상임대표

36 서른여섯 살

도서관에서 찾은 궤적

나는 사서교사로서 늘 학교라는 작은 사회 안의 여러 관계 사이에 있다. 학생들과의 소통부터 동료 교사들과의 협력 그리고 관리자들과의 조율까지. 때로는 아이들의 눈높이에 맞추어야 했고, 때로는 어른들 사이에서 제 목소리를 내야 하는 어려운 순간들이 있었다.

2020년도 여느 해와 다름없는 한 해가 되리라 생각했다. 그러나 전 세계인들이 코로나19로 인해 전혀 다른 한 해를 경험했다. 학교에는 4월이 되어도 학생이 보이지 않았다. 학생이 그리웠다. 전면 등교 전 도서부 학생들의 출입 허가를 받고 학교에서 만나니 반가운 마음에 울컥했다. 하지만 마스크를 벗지 못하니 함께 먹지도, 웃지도 못했다. 멀찌감치 떨어져 일상과 책 이야기를 나눴다.

이때 헤더 헨슨이 쓰고, 데이비드 스몰이 그린 『**꿈을 나르는 책 아주머니**』(비룡소)라는 그림책이 떠올랐다. 책에 전혀 관심이 없는 소년이 눈이 오나 비가 오나 책을 집으로 가져다주는 책 아주머니 덕분에 책을 좋아하게 된다는 이야기다. 책 속 아주머니는 1930년대 미국에서 경제 대공황 상황에 학교에 다니지 못하는 아이들에게 책을 나르는 일을 했던 'Pack Horse librarian'이다. '책 아주머니'로 인해 글과 세상을 깨우치는 존재가 있었다는 사실을 떠올리고는, 도서부 학생들이 말을 탄 사서가 될 수 있도록 했다.

멀리 떨어져 보지 못하는 친구들을 향해 책 방송을 하기로 했다. 도서부가 2~3명씩 팀을 편성해서 읽었던 책은 『숨결이 바람 될 때』(폴 칼라니티, 흐름출판), 『**내 생애 단 한 번**』(장영희, 샘터사), 『**여행 가는 날**』(서영, 위즈덤하우스), 『**청소년 마음 시툰 : 안녕, 해태 1**』(싱고, 창비교육), 『**히말라야 도서관**』(존 우드, 세종), 『**수레바퀴 아래서**』(헤르만 헤세, 민음사)이다. 팟캐스트를 진행하기 위해서 이 책들을 여러 번 읽었다.

마스크 사이로 땀이 흐르던 여름방학 직전에 나와 아이들이 함께 읽기로 한 책은 하퍼 리의 『**앵무새 죽이기**』(열린책들)였다. 결과적으로 팟캐스트는 나와 학생들의 삶에 스며들어, 우리가 함께 성장할 수 있는 도구가 되었다. 2시간 넘게 녹음을 하는 동안 우리는 서로를 보며 웃었고, 눈물을 흘렸다. 녹음을 마치고 밤 10시가 되어 학교를 나설 때 발걸음은 가벼웠다.

책 속에서 스카웃과 애티커스 핀치의 이야기는 내게 익숙하면서도 새로운 시각을 안겨 주었다. 애티커스는 정의를 지키기 위해 싸우면서도 상대방의 입장을 헤아리는 법을 가르친다. 그는 딸에게 "그 사람 살갗 안으로 들어가 그 사람이 되어서 걸어 다니는 거지."라고 조언하기도 한다. 나는 아이들이나 동료 교사들과의 관계에서 내가 얼마나 그들의 입장을 충분히 이해하려 노력했는지 돌아보게 되었다.

한 학생은 방송 중에 "애티커스처럼 용기 있는 어른이 되고 싶어요."라고 말했다. 작은 목소리로 시작한 그의 이야기는 다른 친구들에게 용기를 주었다. 소극적이라고 생각했던 그는 적극적으로 변했다. 어느 날 그 학생이 내게 다가와 "선생님, 저희 팟캐스트 했던 과정을 글로 쓰고 싶어요."라고 했다. 내성적이던 그 학생이 자신의 경험을 글로 써서 남들에게 공유하고 싶다고 해서 깜짝 놀랐다. 그의 눈빛은 진지했고, 나는 흔쾌히 동의했다. 작은 마이크 하나로 시작한 팟캐스트 프로젝트 소식은 말을 타고 책을 전달하는 대신 인터넷을 통해 여러 곳으로 전해졌다.

"스카웃은 어리지만, 세상을 두려워하지 않았어요. 저는 그게 정말 멋지다고 생각해요. 저도 그런 사람이 되고 싶습니다." 그의 목소리는 떨렸지만, 진심이 담겨 있었다. 팟캐스트가 신문에 소개된 이후 작은 붐을 일으켰고, 도서관은 단순히 책을 읽는 공간에서 서로의 이야기를 공유하는 무대로 바뀌었다.

학생과의 책 대화 덕분에 나는 동료 교사와의 갈등 상황에서도 애티커스의 태도를 떠올릴 수 있었다. 예전 같았으면 무조건 피했겠지만, 이번에는 조용히 대화를 시도했다. "이 일을 두고 조금 다르게 보고 계시는 것 같아요." 그날 동교 교사와의 대화는 서로의 관점을 이해하는 계기가 되었고, 이후로 협력 파트너가 한 명씩 생겨나기 시작했다.

『앵무새 죽이기』는 용기, 신념, 공감에 대해 다시 배우게 했다. 책에서 배운 가치는 학교도서관이라는 공간에서 나의 궤적을 그리는 지혜를 주었다. '학생들 마음속으로 들어가 책의 문장 사이를 걸어 다니는 거지.'

황왕용 광양 중마고 사서교사

39 서른아홉 살

뒤늦게 알게 된 것들

제주에 내려왔다. 그저 막연히 서울에서 가장 먼 곳, 아무도 나를 모르는 곳에서 1년만 살아볼 생각이었다. 그즈음 나는 심각한 우울감을 느꼈다. 이렇게 살 수 없다는, 뭔가 결단을 내려야 한다는 압박이 가슴을 짓눌렀다. 잘 다니던 직장을 그만두고 모든 활동을 중단했다. 이삿짐도 풀지 않은 썰렁한 방에서 이불도 없이 잠을 청한 첫날밤이 생각난다. 겨울 잠바를 덮고 누워도 여전히 선뜩한 기운, 기어코 일을 저지르고 말았다는 충격, 이제 정말 혼자가 되었다는 실감으로 통곡하고 말았다. 마음이 너무 아파서 미칠 것 같았다. 그 뒤로 내가 예상했던 것보다 더 힘들게 지냈다. 내가 겪는 고통은 오직 신만이 아실 거라 여기며 겨우 살았다.

    몇 달 후, 루시드 폴이라는 음악가가 새 책과 정규 8집 앨범을 동시에 선보였다. 그의 몇몇 노래를 알긴 했지만, 제주로 이주해 감귤 농사를 하는 줄은 몰랐다. 『모든 삶은, 작고 크다』(예담)라는 책과 앨범은 그가 새 삶을 시작하고 적응하는 2년의 세월을 담은 글과 노래를 모은 것이다. 그와 나의 접점은 제주에 내려왔다는 것뿐이다. 음반의 첫 곡을 들어보았다. "안녕, 그동안 잘 지냈나요" "지난 두 해 사이 참 많은 일들을 우린 겪어온 것 같아요." 지금도 잘 모르겠다. 그저 안부를 묻는 평범한 가사와 목소리에 왜 그렇게 사로잡혔는지. 그냥 지난 일들이 주마등처럼 스쳤다. 마침 면허를 따고 작은 중고차를 산 나는 운전하는 내내 이 노래만 들었다.

    물론 그와 나의 삶은 다르다. 그가 책에서 말하는 제주 정착 과정도 전혀 다르다. 그는 아내와 집을 알아보고 농사를 짓고 처마와 나무에서 새를 만난다. 자신만의 농사법을 고민하고 친환경 교육을 공부한다. 좋은 사람들을 만나 과수원에 오두막을 짓고 그 안에서 노래를 만든다. 같은 제주에 사는데, 비슷한 시기에 다른 삶을 좇아 내려

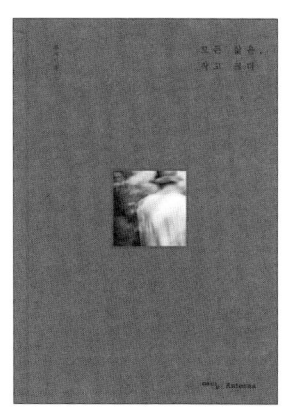

왔는데 어쩌면 이렇게 다를까. 나도 차분하고 평화로워지고 싶었다. 자연 속에서 위로를 얻고 치유받길 원했다. 하지만 자꾸 상처를 입었다. 직업이 없으니 나를 설명할 수 없고, 주눅 들었으니 이상하고 만만해 보였을지 모른다. 계속 내 인생을 탓하고 남을 원망했다. 내가 재능과 매력이 있었다면 호의적인 사람만 만났을 거라고 억측했다. 그를 동경하면서도 시기하고 질투했다.

얼마 후 그가 제주에서 공연을 연다고 했다. 호기심에 손꼽아 기다리던 그날, 신비로운 석상이 늘어선 공원이 떠오른다. 또 다른 세상에 들어가는 것 같았다. 이곳에 온 사람들이 다 친구와 동지처럼 느껴졌다. 드디어 그가 내가 듣고 들었던, 직접 앞에서 들려주길 고

대한 노래를 부르기 시작했다. "안녕~"이라는 가사에 내가 울었던 가. 지금은 기억나지 않는다. 다만 순식간에 시간이 흐르고 꿈을 꾼 것처럼 얼떨떨했다. 더 가까이서 그를 볼 수 있는데도 행여 환상이 깨질까 싶어서 사인 받지 않았다. 집으로 돌아가는 길. 금세 시무룩해져서 함께 이야기 나눌 사람이 없구나, 내 곁엔 아무도 없구나, 고적감 속에서 올려다본 밤하늘이 또렷이 생각난다. 나는 계속 외로운 이유를 찾고 좀처럼 헤어나지 못했다.

나는 다시 일을 시작했다. 도서관 개관연장 근로자에서 계약직 사서로. 그리고 무슨 바람에선지 공무원 시험을 준비했다. 사실 달리 할 게 없었다. 되든 안 되든 한번 해보고 그 뒤에 생각하자. 안 되면 제주를 떠나자. 작은 방구석에서 종일 공부만 했다. 1년 후 내가 일했던 도서관에 발령받았다. 설렘과 기대는 잠시뿐, 시간이 지나자 또다시 사회생활이 힘들고 외롭고 답답했다. 여전히 사람과 부딪혔다. 갈수록 이방인이라는 생각만 들었다. 많은 이가 제주살이를 꿈꾸고, 이곳의 삶을 만끽하는데 나는 왜 기쁘지 않지. 계속 여기에서 살 수 있을까. 서울에 가면 더 힘들어지지 않을까. 갈피를 잡지 못한 마음엔 늘 황량한 바람이 불었다.

오랜만에 루시드 폴이 제주에서 공연을 연다고 했다. 한 시간여를 달려 서남쪽 마을에 도착했다. 돌담을 낀 어느 숙소 마당에 들어서니 작은 무대와 모닥불이 보였다. 이윽고 그가 나타났다. 뺨에 패인 자국이 보일 만큼 손을 뻗으면 닿을 것 같았다. 왠지 무겁고 담담한 표정, 너무 오랜만에 제주에서 노래를 부른다고 말하는 음성. 그렇다. 내 기억으로 7년 만이다. 7년 전 내가 그를 본 이후로. 그는 잘 웃지 않고 많은 말을 하지 않았지만, 그와 내가 살아온 지난 세월이 이 가을밤에 모인 것 같았다. '안녕, 그동안 잘 지냈니? 힘들었지? 나도 그래. 대견하다. 각자 최선을 다해 살아오고 우리 또 만났구나.' 마치 데자뷔 같았다.

그는 책에서 자신이 이런 삶을 살게 될 줄 조금도 예상하지 못했다고 한다. 나 또한 짐작이나 했을까. 이렇게 제주에서 오래 살 줄은. 7년 만에 다시 책을 펼치니 내가 미처 몰랐던 점이 보였다. 그도 살 집을 구하다가 모든 게 불안하고 막막해서 펑펑 울었다는 것, 첫 농사일을 함께한 친구들과 헤어지고 다른 길을 걸은 것, 벌레 하나라도 죽이지 않으려고 부단히 애를 쓴 점이다. 어려운 환경에서도 농부의 마음과 자세를 계속 생각한 일이다. 분명 외롭고 힘들었을 것이다.

이제야 깨달았다. 누구에게나 제주의 삶이 마냥 순조롭지만은 않았으리라는 것, 그곳이 꼭 제주가 아니더라도 말이다.

필름 카메라로 담은 제주의 풍경과 소박한 일상도 눈에 들어왔다. 화려하진 않지만 가만히 눈길을 주어야 보이는 것들, 살며시 다가가 찍은 꽃과 나무, 새, 숲, 하늘, 개 그리고 이 모든 것을 아우르는 산책. 다정하고 편안하고 포근한 느낌을 주는 제주의 모습은 나도 많이 누리고 좋아한 것이다. 제주가 정말 싫고 미웠는데, 맞아 이런 곳이었지…. 사실 나는 위로도 받고 있었구나. 이제 나를 용납하고 용서해도 될까? 나는 이미 다른 삶을 시작했고 성실히 살아왔다. 지나간 것에, 아직 오지 않은 것에 미련을 두거나 불안해하지 말고 지금 이곳의 삶을 소중히 여기자. 그리고 기억하리라. 서늘한 공기 속에서 은은히 퍼지던 풀벌레 소리와 불티, 나지막한 기타 선율과 노래, 다른 시공간에서 다시 만나 서로의 안부를 확인했던 아름다운 가을밤을.

이찬미 서귀포도서관 사서

● **함께 읽으면 좋을 책**

『**모두가 듣는다**』 루시드 폴, 돌베개
루시드 폴이 『모든 삶은, 작고 크다』 이후에 펴낸 에세이다. 여전히 제주에서의 삶과 음악, 특히 새로운 창작에 관해 이야기한다.

『**계절은 노래하듯이**』 오하나, 미디어창비
시인이자 번역가이고 루시드 폴의 아내이기도 한 오하나가 쓴 책으로, 남편과 함께 귤나무를 돌보면서 사는 일상을 1년 24절기 계절의 변화에 맞추어 예찬한다.

39 서른아홉 살

나의 어둠을
함께한 동화

2025년 마흔넷의 나이, 나는 3년차 초보 사서이다. 언제 어떤 계기로 적지 않은 나이에 사서가 되었냐고 묻는다면 난 그저 내 인생에서는 늘 책과 도서관이 나를 이끌었다 이야기한다. 어릴 때부터 경험했던 강렬했던 문학적 경험과 사유가 지금의 나를 만들었다. 어떤 선택의 기로에 섰을 때, 감당하기 힘들었던 삶의 고민이 있었을 때 책은 나에게 늘 길을 열어 주고 방향을 제시해 주었다.

   2015년, 입주한 아파트의 작은도서관이 운영을 시작했다. 아이가 중심이었던 삶과 살림, 육아에 지쳐 있었고 내 일을 하지 못해 우울했던 시기였다. 다섯 살 아이를 처음 기관에 보내고 잠시 틈이 나던 아침마다 도서관에 들러 책을 읽던 어느 날, 도서관 사서께서 가만히 다가와 물었다. "책을 좋아하시나 봐요." 그 분은 나에게 자원활동가로서 이웃들과 함께 도서관을 운영하길 권했고, 학교도서관저널 도서추천위원으로 추천해 주었다.

  2020년, 작은도서관 활동가와 저널 도서추천위원으로 활동한 지 5년, 30대 후반의 나이에 사서가 되기로 결심했다. 가장 큰 이유는 작은도서관 운영을 하며 가진 답답함 때문이었다. 아파트마다 도서관을 의무로 설립하지만, 운영의 의무나 지침이 없어서 자원활동가들만으로 운영하기 쉽지 않았다. 또 한 가지, 저널에서 여러 선생님들과 함께 선정하고 소개한 책들이 현장에선 어떤 반응일지, 어떻게 활용되고 있는지 궁금했다. 좀 더 가까이에서 아이들에게 좋은 책들을 권하고 싶었다. 내가 조금 더 많이 읽으니까, 조금 더 먼저 읽으니까. 내가 아이들을 변화시키고 이끌어갈 수 있을 거라는… 돌이켜보면 오만하기 짝이 없는 생각이었다.

  사서가 되는 과정은 녹록지 않았다. 뒤늦게 시작한 공부는 마음먹은 대로 되지 않았고, 코로나 시국과 겹쳐 함께 공부하는 동기들과의 교류도 쉽지 않았다. 석사 논문을 쓰는 과정도 너무 버거웠는데 그 와중에 가족을 돌봐야 했으며 양가 부모님들께 병마가 한꺼번에 찾아왔다. 논문 심사를 이유로 친정 엄마가 수술할 때도 곁을 지키지 못했다. 작은도서관 운영을 책임지는 것도 지쳐 가고 있었다. 패닉이었다. 나는 무얼 위해 사서가 되려 하나. 내 가족, 내 주변도 제대로 돌보지 못하고 감당하지 못하면서, 이런 모자란 내가 이제 와서 사서로서 무엇을 이루고자 하는가. 그 무렵 책 한 권이 찾아와 나를 가만히 다독였다. 멸종 위기의 흰바위코뿔소 노든과 이름 없는 펭귄의 이야기가 담긴 책, 루리의 『긴긴밤』(문학동네)이다.

코뿔소 노든과 이름 없는 펭귄 모두 부모도 무리도 없이 홀로 남겨진 존재들이다. 그들은 자신의 존재 의미를 찾기 위해, 그리고 살

아야 할 이유를 찾기 위해 여행을 떠난다. 인간의 이기심으로 가족을 잃고, 친구 앙가부와 치쿠마저 잃은 노든. 그러나 그들의 여정과 사랑의 모습은 이름 없는 펭귄이 세상에 태어난 것이 운명이 아닌 기적임을 알려 주었다.

난 그제야 주변을 돌아보았다. 나 혼자 감당하고 있다 생각했지만 내 주변엔 나를 응원하며 지켜봐 주는 이들이 있었다. 가족과 친구들, 이웃들과 늘 내게 경험을 나눠 주던 선생님들이 있었다. 이들의 배려와 격려가 내 삶의 고단함을 덜어 주고 있었는데도 난 그저 혼자 해 나가고 있다고 생각했다. 나의 짜증, 걱정, 한숨이 주변 사람들에게 염려와 피해를 주었을 텐데 그들은 묵묵히 나를 바라보고 지지해 주었다. "굳이 내가 되지 않아도 된다, 어떤 이름을 갖는 게 곧 내가 되는 건 아니"라는 노든의 말이 나를 덤덤히 위로했다. 내가 무엇이 되느냐보다 내가 누군가와 어떻게 살아가고, 누군가의 곁에 어떤 의미로 존재하고 싶은가 생각한 시간이었다.

긴긴밤을 지나 나는 정식 사서가 되었다. 잘 해내진 못했지만 그저 해내고 나니 밤이 지나갔다. 노든이 코끼리의 응원과 격려를 받으며 바깥세상으로 나온 것처럼. 마침내 바다 앞에 홀로 섰던 펭귄처럼. 사실 『긴긴밤』은 아이들보다 어른들에게 더 큰 호응이 있는 책이다. 인생에서 한 번쯤 어둠을 지나가 본 적 있는 어른들이 노든의 감정에 깊숙이 이입했기 때문일까. 아이들은 천진한 펭귄의 입장에 더 가까웠을 것이다. 『긴긴밤』뿐만이 아니다. 추천도서로 선정하고 소개한 책들이 모두 아이들의 호응을 얻는 건 아니다. 학교도서관저널의 도서추천위원 선생님들과 이런 얘기를 나눈 적이 있다. "내가 아무리 이 책이 좋다고 외쳐도 아이들이 이 책을 읽을까요? 나만의 발버둥이 아닐까요?" 그러면서 처음 사서가 되고자 했을 때 꿈꾸었던 생각들, 내가 책으로 아이들을 변화시킬 수 있을 거란 생각들은 접어 두었다.

어느 날, 훌쩍이며 도서관을 나서는 한 학생을 발견했다. 그 아이의 손에 『긴긴밤』이 들려 있었다. 아이는 "선생님, 노든이 너무 불쌍해요. 책은 감동적인데 자꾸 눈물이 나요."라고 했다. 눈물이 핑 돌았다. 네가 노든이 되었구나. 노든이 되어 펭귄을 바라보았구나. 학교도서관에 머문 지난 2년 동안 책은 나도 모르는 새 아이들의 마음에 조금씩 스며들고 있었다. 그 약간의 변화를 확인할 수 있어 감사했다. 사서가 되었지만 내가 주변을 크게 변화시킬 수 있는 건 아니었다. 하지만 이용자들이 도서관에 오는 것만으로도 고맙고, 많은 매체의 유혹 속에서도 책을 펼치는 이들이 있음에 감사하다. 난 그저 이용자들이 건강하고 즐겁게 읽을 만한 책들과 그 곁에 몇 권의 좋은 책들로 서가를 채워 나갈 것이다. 그리고 이용자들이 원하는 책, 요청하는 책을 한 권씩 권할 것이다. 그렇게 나는 사서로서 이용자들에게 책을 통해 어떠한 영감을 줄 수 있는 사람, 인생의 어떤 긴긴밤 속을 곁에서 함께 걷는 이가 되고 싶다.

조지환 서울송정초 사서

40대

40 모든 고전은 저마다의 매력이 있고 저마다의 시기에 찾아오지만, 이쯤 되면 점집에 가지 않아도 운명임을 알아챌 수 있었다.

40 책 한 권을 읽었다는 결과보다 함께 마주 앉아 읽는 과정이, 그 속에서 경험한 일들이 더 의미 있는 시간이었다.

44 불청객처럼 찾아오는 깊은 상실감을 견디는 일은 남겨진 내가 오롯이 겪어야 할 이별의 과정이었다.

44 사서는 학생들에게 독서를 통해 자율적으로 배우고 성장할 수 있는 공간을 제공해야 한다.

44 독서의 묘미라고 한다면 읽기 전에는 나에게 이곳과 저곳이 있다는 사실조차 알지 못한 채 시작한다는 것이다.

45 독서는 글을 읽는 시간 속에서 나의 가치관에 맞는 단어를 찾아가는 여정이라고 생각한다.

45 우리가 그랬듯, 우리 아버지들이 그러했듯 호기심과 용기를 가지고 실패하며 모험을 통해 성장해 갈 것이다. 아빠는 아이의 미래다.

49 내 욕심으로 색칠한 아이의 인생이 슬프다.

40 마흔 살

만나야 할 사람은 만나게 되고 읽어야 할 책은 읽게 된다

끌어당김의 법칙

어쩌자고 마흔이 되었다. 마흔에는 무엇을 고민하고 어떤 형식으로 사고해야 하는지 모든 것이 막막했다. 되돌아보면 나는 지극히 문과적인 인간이었기에 갑자기 이과적인 생각을 하고 싶어졌다. 아무도 모르게, 그러나 호기롭게 물리학 책을 펼쳐 들었다. 박권 교수의 『**일어날 일은 일어난다**』(동아시아)에 제목으로 낚이고 읽기 시작했다. 분명 한글로 적혀 있는데 비석에 적힌 한자를 더듬듯 아는 글자를 찾아 헤매야 했다. 그래도 건질 문장은 있었다. "만약 어떤 커다란 재앙이 일어나 모든 과학적 지식이 사라지고 단 한 문장만을 다음 세대에게 전달할 수 있다면, 가장 적은 낱말로 가장 커다란 정보를 담을 수 있는 것은 무엇일까?"라는 물음과, "모든 것은 원자로 이루어져 있다."라는 리처드 파인먼의 대답이 그것이다. 이렇게 명료하고도 못 알아듣는 말이라니.

세상을 유지하는 기운

그동안 나는 과학보다는 차라리 운세를 믿어 왔다. 삶의 난제가 나타나면 세상 만물의 이치와 원리를 명쾌하게 설명해 주는 '점집'을 찾곤 했다. 정기적인 점집 투어는 심신의 안정을 주고 미래에 대해 깊이 생각할 수 있게 도와준다. 나에게는 점집 투어를 함께하는 두 명의 무속 메이트 H와 Y가 있다. 우리는 죽어라 점집을 찾아다니면서도 한 번도 실망한 적이 없다. 왜냐하면 불길한 내용을 들으면 바로 삭제하는 능력을 탑재하고 있어서 평정심을 유지할 수 있기 때문이다. 우리는 점술과 과학적 현실 판단에 균형을 이룬다고 자부하고 있다. 그리고 여기서만 밝히지만 우리는 몇 군데 점집에서 "촉이 좋지? 뭐 보이고 그런 거 없어?", "조상으로부터 신줄 타고 내려왔다는 소리 못 들어봤니?" 같은 폭탄발언을 듣는 그냥 기가 쎈 여자들이다.

우리는 인문유랑 떠돌이 책사

이왕 이렇게 된 거라면 멋있고 기 쎈 50세를 꿈꾸는 건 어떨까. 보자, 보자, 어디 보자, 당당하고 멋지고 기 쎈 50대 그건 어떻게 하는 건데? 주변에 롤모델이 될 만한 멋있는 50대 언니를 찾아보자. 당장 떠오른 이가 있었으니 일본에서 한국 책을 팔고 있는 서점, '책거리'의 김승복 대표다. 한국에서도 한국 책이 읽히지 않는 시대에 일본에서 한국 책을 파는 이가 있다고? 그것도 도심 전체가 서점으로 이루어진 진보초 거리 한복판에서 한국 책을 파는 이가 누구인가? 우리 인문유랑단은 궁금증을 안고 메일을 보냈고, 김승복 씨는 휴일에 특별히 문을 열고 맞아 주겠노라는 답변을 보냈다. 알 수 없는 끌어당김의 법칙이 통한 것인가? 양자역학이 우리를 구원한 것인가? 우리는 그렇게 진보초 책 여행을 떠났고, 아직 다 읽지 못한 사람책을 그렇게 만났다.

내 인생을 망치러 온 나의 구원자, 나의 『토지』

그 해로부터 꼬박꼬박 나이를 챙겨 먹고 여섯 해가 흘렀다. 이번엔 김승복 씨가 한국을 방문하게 됐다. 10년 전부터 작업해 온 박경리 선생님의 『토지』(다산책방) 번역이 완료되어 대통령상을 수상함과 동시에, 박경리 선생의 고향인 통영으로 문학기행을 온다는 것이다. 그 유명한 『토지』를 한국에서 도서관을 지키는 나조차 읽지 않았는데, 일본인들이 읽는다고? 모든 고전은 저마다의 매력이 있고 저마다의 시기에 찾아오지만, 이쯤 되면 점집에 가지 않아도 운명임을 알아챌 수 있었다. 그날로 곧바로 『토지』 1권을 열었다. 박경리 선생님의 『토지』는 5권씩 총 4부로 엮여 스무 권이나 되는 방대한 양을 자랑하는 책이다. 대하소설이라는 말처럼 거대한 강물이 굽이치는 듯 인물과 역사와 사건이 그 속에 흐른다. 그리고 그 강물에는 분명 쓰는 이와 읽는 이의 눈물이 보태졌음을 지금은 이해한다. 작품 속 인물인 월선이가 갔을 때 나는 한밤중에 왜 그리도 목 놓아 울었던가.

박경리 선생님도 『토지』를 온 마음으로 쓰셨겠지만, 그렇게 탄생시켜 놓은 작품을 후대의 누군가가 마음을 더해 타국의 언어로 번역하여 다시 살게 하는 힘을 지켜보다가 어느 날 느닷없이 『토지』가 내 삶으로 들어왔다. 10년의 번역 기간 동안 한 권 한 권을 소중하게 받아 읽었다는 일본 독자들, 박경리 선생 묘소에서 눈물 흘린 일본인들을 보면서 『토지』라는 문학의 힘이 느껴졌다. 물리학에서 말하는 에너지의 파동처럼 『토지』는 나에게 왔고, 여름에 시작한 『토지』 읽기는 가을을 거쳐 겨울까지 이어지고 있다. 이제 마지막 4부를 남겨 두고 있는데 긴긴 겨울밤 아껴 아껴 읽고 싶다. 동짓달 기나긴 밤 한 허리를 버혀 내어 『토지』를 마저 읽어 봐야지. 나에게 마흔이란 『토지』를 읽는 시간이다.

전은경 대구과학기술고 사서

40 마흔 살

때론 한 권의 책이 사람을 이어 주고, 새로운 길을 열어 주기도 한다

돈복보다 많은 일복에 지쳐갈 때 두 번째 사춘기가 왔다. 마흔에. 사십춘기라 이름을 짓고 마음에 품었다. 지나온 시간과 살아갈 날들을 짚어 보니 이제껏 그랬듯 하고 싶은 것보다 일만 하다 남은 시간을 보내겠구나 싶어 가슴이 시렸다. 그러다 『**몽실 언니**』(권정생, 창비) 슬로리딩 프로그램을 만났다. 아무것도 안 하면서 시간을 허비하기보다 뭐라도 하면서 하고 싶은 걸 찾자는 마음에 신청했다. 등록하려니 아뿔싸, 부모와 자녀가 함께하는 가족 독서 프로그램이다. 얼마 전 자기주장이 강해진 아들이 자기 동의 없이 신청한 프로그램에 불참하겠다고 선언한 터라, 마지막이라는 조건을 달고 사정사정해 등록했다.

억지로 시작한 슬로리딩 수업은 예상대로 삐걱댔다. 한두 번 잘 참여하던 아이가 하루는 가기 싫다고 버텼다. 겨우 데려갔더니 큰 소리로 하품하는 것을 시작으로 널브러지다가 엎드려 눕는 등 지루한 티를 팍팍 냈다. 냉이꽃이 하얗게 자북자북 피어난 골목길로 밀양댁과 몽실이가 아버지를 버리고 도망가는 심각한 장면을 읽고 있는데 주변 가족들과 선생님께 너무 죄송했다. 눈에 힘을 주고 아이 허벅지를 쿡쿡 찌르며 신호를 주었다.

"잠 좀 깨, 바르게 좀 앉아, 열심히 좀 참여해."

불타는 내 속과 달리 아이의 태도는 변함없고 나의 잔소리도 끝나지 않자, 참다못한 선생님이 한 말씀 하신다.

"민식이 엄마, 애한테 그만 좀 하소!"

애를 그만 좀 괴롭히란다. 꾸지람에 얼굴이 화끈거리고 무안함이 스쳐 갔다. 그런데 이상하게 시간이 지날수록 속이 뻥 뚫렸다. 아이를 있는 그대로 지켜봐도 된다는 해방감이었다. 다른 사람의 시선을 의식해 아들을 다그치는 걸 멈추었다. 나중에 듣자니 내가 너무 민망해서 다음부터 나오지 않을 거라 예상했단다. 모두의 예측을 깨고 그때부터 난 『**몽실 언니**』에 제대로 빠져들었다. 아이를 신경 쓰지 않게 되자 책의 내용이, 단어 하나하나가 눈에 들어오고 마음에 새겨졌

다. 그동안 내용 중심으로 책을 읽었는데 문장을 음미하며 읽는 방식으로 습관이 바뀌었다. 몇 개월 동안 서른 장을 채 읽지 못했는데 강좌가 끝났다. 앞부분만 읽고 마무리하려니 못내 아쉬웠다. 마침, 선생님께서 '슬로리딩 지도사 민간자격증' 반 개설을 얘기하셨다. 뜻이 있는 사람끼리 매주 저녁에 모여 슬로리딩 공부를 시작하게 되었다.

학교라는 울타리 안에서 학생, 학부모, 교사만 쳇바퀴 돌 듯 만나던 내가 『몽실 언니』로 학교 밖의 열정 가득한 분들을 만났다. 하브루타, 논술, 창의 수학, 성인 문해력을 가르치는 사람들과 귀농인, 주부 등 다양한 자리에서 각자의 삶을 치열하게 살아가는 이들과 『몽실 언니』를 천천히 깊이 읽는 법을 익혔다. 지도자 관점에서 프로그램을 개발하기도 하고, 학생이 되어 배움에 참여해 보니 몽실이보다 엄마 밀양댁이 더 애틋하게 다가왔다. 슬로리딩이 과연 아이들 독서에 도움이 될까, 『몽실 언니』는 초등 대상 슬로리딩에 적절한가, 단어나 문장에 집착하면 책의 내용에서 너무 샛길로 빠지는 건 아닌가. 고민하다 보니 어느덧 지도자 과정도 마무리되었다. 함께하는 선생님들은 자격증을 따고 난 뒤에도 멈추지 않고 '평생학습 동아리 지원 사업'을 신청하여 열과 성을 다해 운영했다. 주어진 업무 외에 애써 일을 확장하지 않으려는 나의 모습이 새로운 길을 개척하려는 학교 밖 선생님들의 의지와 계속 비교가 되었다. 평생직장이라는 온실에서 자라는 잡초처럼 느껴졌다.

봄부터 읽기 시작한 『몽실 언니』를 겨울까지 붙들었지만, 끝까지 읽지 못했다. 이렇게 마무리해야 하나 싶었는데 '권정생어린이문화재단'에서 운영하는 '권정생문화해설사 과정' 안내를 보았다. 간헐적으로 모집하는 해설사 과정이 때마침 개설된 것이다. 만약 한 해 동안 『몽실 언니』를 읽지 않았더라면 참여했을까? 이런저런 핑계로 안 갔을지도. 『몽실 언니』와 함께하는 프로그램이 끝날 때마다 새로이 걸어갈 낯선 길이 이어지니 몽실이가 나를 부르는 것 같았다.

해가 바뀌고 권정생 작가의 삶과 작품을 심화 과정까지 마치며 또 한 해를 보냈다. 아픈 몸으로 수십 년간 글을 쓰신 그 분의 작품 세계는 끝없는 바다 같아서 여전히 배워 가는 중이다. 그래서인지 뻗어 갈 길이 더 이상 나타나지 않는다. 시든 열정도 차츰 되살아나며 어느덧 사십춘기도 막을 내렸다. 『**몽실 언니**』를 함께 읽었을 뿐인데 생각을 깨워 주는 인연을 만나고, 낯선 길로 이끌려 갔다. 책 한 권을 읽었다는 결과보다 함께 마주 앉아 읽는 과정이, 그 속에서 경험한 일들이 더 의미 있는 시간이었다.

김순필 안동강남초 사서교사

44 마흔네 살

책이 위로가 될 수 있을까

'밥도 못 먹고 있으면 어떡하지.'

봄의 어느 날 오랜만의 지인 모임에서 두어 달 전 친구 A가 어머니의 장례를 치렀다는 이야기를 전해 들었다. 아니 어머니가 아프셨어? 아니 언제? 몇 가지 질문을 하다 보니 내 머릿속은 온통 A의 걱정으로 가득 찼다. A는 그동안 본인이 쓴 에세이 속에서 자신이 엄마를 얼마나 아끼고 사랑하는지 절절히 고백해 왔기에 A가 엄마를 잃은 슬픔이 얼마나 크고 깊을지 가늠조차 되지 않았다. 몇 달 지났다고는 하지만 여전히 슬픔에 잠겨 끼니도 제때 챙겨 먹지 않고 지내는 건 아닐까 걱정이 앞섰던 것이다. 각자 생업에 매달려 사느라 얼굴을 못 본 지 꽤 되었지만 망설일 새 없이 바로 샌드위치 같은 먹을거리를 챙겨 A를 만나러 갔다. 한걸음에 달려가 놓고는 A의 얼굴을 보자마자 목이 메어 샌드위치 봉투만 건네주고 뒤돌아 나왔다. 밥 굶지 말고 꿋꿋이 잘 지내라는 격려와 위로의 말 한마디 하지 못한 채.

봄에서 여름으로 지나가던 시기에는 친구 B의 어머니가 지독한 병마와 싸우고 있다는 걸 알게 되었다. 엄마의 병세가 악화될 때 B는 SNS를 통해 친구들에게 기도를 부탁했다. 그렇게 위험한 고비가 몇 번 지나가고 더위가 한창이던 7월, 부고 문자를 받았다. 아침에 눈을 뜨자마자 보게 된 B의 모친상 부고는 망연자실한 소식이 아닐 수 없었다. B가 얼마나 기도를 간절히 했는데, 얼마나 애타게 하나님을 찾았는데… 하나님이 원망스럽기만 했다. 문상을 온 친구들을 웃으며 맞이하는 B에게 다가가 가만히 등을 쓰다듬어 주었다. B는 밤새 얼마나 울고 또 울었을까. 부디 잘 견디라는 말 대신 등을 쓰다듬으며 마음을 나눠 주려고 애썼다.

한 달쯤 지나 그해 가을에 또 한 번의 부고를 접했다. 이번 부고 소식을 올린 사람은 나였다. 고인은 나의 엄마였고. 이대로 엄마를 보낼 수가 없다고, 불쌍한 우리 엄마 조금만 더 살게 해달라고 울부 짖던 나의 기도와 바람은 끝내 어느 하늘에도 가닿지 못했다. 슬픔을 추스를 새도 없이 상복을 입고 엄마에게 마지막 인사를 하러 온 친구들을 맞았다. 친구 A와 B는 화환까지 보내 주어서 꽃을 좋아하는 엄마에게 꽃향기를 맡게 해 드릴 수 있어 더 고마웠다. 정신없이 엄마의 장례를 치르고 일상으로 돌아왔다. 생각보다 밥도 잘 챙겨 먹었고 잘도 웃는, 그전과 변함없는 일상이었다. 산 사람들은 어떻게든 살아간다더니 엄마가 세상에 없는데도 살긴 살아졌다. 아침에 일을 하러 나가고 밤이 되어 집에 돌아오면 피곤한 몸을 충전하기 위해 잠자리에 들었다. 그러다 견디기 힘든 슬픔으로 밑도 끝도 없이 괴로워지는 순간이 불쑥불쑥 찾아왔다. 불청객처럼 찾아오는 깊은 상실감을 견디는 일은 남겨진 내가 오롯이 겪어야 할 이별의 과정이었다.

마흔네 살, 평생을 같이 한 엄마를 떠나보낸 그 시간을 떠올릴 때면 자연스럽게 나처럼 엄마를 잃은 딸들의 얼굴들이 같이 생각난다. A는 밥 잘 먹고 잘 지내고 있을까, B는 안 울고 잘 웃으며 살아가고 있을까. 문득 안부를 묻고 싶어진다. 시간이 지나면 애달픈 이 그리움이 조금은 옅어지는지 물어보고 싶다. 우리의 엄마들은 그곳에서 행복하게 지내겠지, 같이 이야기 나누고 싶다. 우리에게 이번 해는 불운에 불운이 겹친 해로 기억하겠지만 엄마를 영원히 슬픔 속에 가둬 둘 수 없으니 씩씩하게 살아가자고 서로 힘을 북돋아 주고 싶다. 하지만 여전히 각자의 생업으로 분주히 살다 보니 우리의 만남은 쉬이 이뤄지지 못했다.

그해 겨울, 그림책 한 권을 우연히 보게 되었다. 책의 제목은 『**그곳은 따듯한가요**』(윤여준, 쥬쥬베북스)이고, 표지에 그려진 나이 지긋한 할아버지가 주인공인 그림책이었다. 할아버지는 아침에 일어나 밥을 먹고 양치를 한 후 하루를 시작한다. 화분에 물을 주고 신문을 훑어보고 동네 요가원에 가서 요가도 열심히 한다. 할아버지는 마트에 들러 장도 보고 꽃집에서 튤립 한 묶음 산 후에야 집으로 돌아온다. 눈이 펄펄 날리는 창밖을 보며 할아버지는 노트에 무엇인가를 끄적인다. 밤이 되어 불 꺼진 거실. 튤립을 꽂아 둔 화분 옆에는 인자하게 웃고 있는 할머니의 사진 액자가 서 있다. 마지막 장에서는 할아버지가 저녁에 쓴 노트의 글귀를 클로즈업하여 보여 준다. "당신이 좋아하는 튤립이 있어서 사 왔는데 어때요? 참 화사하죠? 하늘나라는 어떤가요? 그곳은 따듯한가요? 시간이 지나 다시 만나게 된다면 더 많이 아끼고 사랑해 줄게요. 보고 싶습니다. 보고 싶습니다." 보고 싶다는 문장이 두 번 연속 나오는 대목을 한참 들여다봤다. 그날 나는 그림책의 마지막 장을 덮지 못하고 오래 그 자리에 앉아 있어야만 했다.

며칠 후 같은 책을 더 구매해서 A와 B에게 한 권씩 보냈다. 직접 얼굴을 보러 가는 건 힘들지만 이 책이 나 대신 위로가 되기를 바라며. 우리도 이 할아버지처럼 일상을 부지런히 일구며 잘 살아보자고. 더 많이 기억하고 더 많이 부르면서 다시 만날 훗날을 기약하자고. 이 책이 부디 이 모든 메시지를 친구들에게 전해 주기를 바랐다.

이보람 연남동 책방 '헬로' 책방지기

44 마흔네 살

독서교육을
다시
생각하다

나는 문헌정보학을 배우며 독서교육론을 접했고 공공도서관에서도 사서들이 독서교육 수업을 진행하는 모습을 봐 왔다. 그럼에도 불구하고 왜 사서들은 교육 현장에서 자주 배제되는 걸까 궁금했고, 사서로서 교육 현장에서 부족한 독서교육을 채울 수 있는 방법에 대해서 꾸준히 고민해 오고 있었다. 그러던 중 『**침묵으로 가르치기**』(도널드 L. 핀켈, 다산초당)를 만났다. 교육학의 고전이라고 불리는 이 책은 나에게 그야말로 단비 같은 존재가 되어 주었다. 이 책을 보고 그토록 필요했던 답을 찾은 듯한 기분이 들었다.

핀켈은 교사가 '지식 전달자'로서 학생들에게 정보를 일방적으로 전달하는 기존의 방식에서 벗어나야 한다고 주장한다. 교사는 학생들이 스스로 배우고 탐구할 수 있는 환경을 조성하는 촉진자가 되어야 한다는 것이다. 이 책을 접하면서 나는 독서교육에 대한 새로운 시각을 얻게 되었다. 특히 독서교육에서 가장 중요한 것은 강요하지 않고 학생들의 자율성을 존중하는 것이라는, '교육하지 않음'의 철학이 내게 큰 의미로 다가왔다.

내가 사서로서 가장 중요하게 생각하는 것은 학생들에게 책을 강제로 읽게 하는 것이 아니라 학생들이 자유롭게 책을 탐색하고 선택할 수 있는 환경을 만들어 주는 것이다. 핀켈이 말하는 '침묵'은 독서의 자율성을 보장하는 것과 연결된다. 사서가 학생들에게 특정 책을 강요하는 것이 아니라, 그들이 스스로 책을 찾아 즐기고 성장할 수 있도록 돕는 촉진자의 역할을 하는 것이다.

학교도서관은 성적 압박과 줄 세우기식 교육에서 벗어난 피난처의 역할을 해야 한다. 학생들에게 중요한 것은 자신만의 속도로 책을 선택하고 그 속에서 자율적인 학습과 성장을 경험할 수 있는 공간이기 때문이다. 교육과정에 맞춰 특정 도서를 읽게 하거나 독서를 교육적 목표로 활용한다면 독서의 본질적인 즐거움은 사라지고 말 것이다. 사서는 학생들에게 필독서나 특정 책을 읽도록 강요하지 않아야 한다. 오히려 다양한 자료와 책을 제공하고 학생들이 스스로 필요한 정보를 찾을 수 있도록 도와야 한다. 그 과정에서 학생들은 독서의 본질적인 즐거움을 느끼고 자연스럽게 학습으로 이어지게 될 것이다.

핀켈의 '교사의 침묵'은 사서가 제공하는 자유로운 독서 환경에서 자연스럽게 실현된다. 사서가 평가나 목표 없이 학생들에게 독립적으로 탐구하고 호기심을 키울 수 있는 기회를 제공하는 것은 독서의 본질을 지키는 길이 된다. 또한 사서는 독서의 다양성도 존중해야 한다. 사서는 학생들이 각자의 흥미와 필요에 맞는 책을 선택할 수 있도록 다양한 자료와 책을 제공해야 한다. 그 결과 학생들은 더욱 풍성한 독서 경험을 얻을 수 있다. 핀켈이 말한 것처럼 교사는 주도 권을 쥐고 모든 것을 가르치는 존재가 아니라 학생들에게 스스로 배울 수 있는 환경을 만들어 주는 촉진자여야 한다. 마찬가지로 사서도 학생들에게 독서를 통해 자율적으로 배우고 성장할 수 있는 공간을 제공해야 한다.

『침묵으로 가르치기』에서 제시된 교육 철학은 독서교육에 있어서도 중요한 의미를 가진다. 독서는 단지 교육적 도구가 아니라 학생들의 자율적인 탐구와 성장을 위한 중요한 활동이다. 사서는 교육과정에 맞춰 독서를 강요하거나 평가의 도구로 활용하는 것이 아니라 학생들이 스스로 책을 선택하고 탐색할 수 있는 환경을 만드는 역할을 해야 한다.

이 책을 읽고 나서야 독서교육에 대한 해답을 찾은 기분이 들었다. 독서의 본질을 지키고 자율성을 존중하는 것이 가장 중요하다는 점을 깨달았다. 이 책은 내 독서교육에 대한 철학을 재정립하는 데 큰 영향을 미쳤다. 그리고 이제 나는 사서로서 내가 해야 할 일이 무엇인지 그 역할의 중요성을 더욱 깊이 이해할 수 있게 되었다.

권혜진 고양 화수초 사서

44 마흔네 살

조금 더
자유로운
삶을 위해

책방지기로 살아온 지 꼭 십 년이다. 서른다섯부터 마흔넷까지, 이 시간들을 나는 줄곧 읽으며 보냈다. 책방에서 운영하는 독서 모임만 일곱여 개, 그 외 책방에 들여놓을 책을 고르느라 훑어보는 책, 개인적인 관심사로 읽는 책 등등. 책은 이른 아침부터 늦은 밤까지 나의 일상에 늘 함께했다. 책을 읽고, 책으로 사람들을 만나고, 책에 관해 이야기 나누고, 책으로 친구를 사귀고 또 그렇게 동료와 동지를 찾았다. 어쩌면 나라는 존재는 나와 내가 읽은 책 그리고 책으로 얽힌 무수한 관계의 총합으로만 온전히 설명될지도 모르겠다. 그러니 어떻게 내가 책이 아니라고 말할 수 있을까.

책방을 하며 사십 대가 되었고, 이제 사십 대의 중반에 들어선다. 사십 대가 되었을 때 나는 무섭게 흔들렸다. 체력은 예전 같지 않았고, 연로한 부모님의 간병이 시작됐다. 책방 벌이는 십 년째 제자리인데 월세는 해가 다르게 치솟았다. 앞으로 나아갈 수도 없고, 뒤돌아 포기할 수도 없는 수렁에 빠진 기분. 마음속 깊은 곳에서 '결국 이게 다라고?' 외치는 소리가 메아리친다. 삶이 곤죽이 된 것 같을 때 나를 구해 준 것은 다시, 책이었다.

독서는 일종의 탐험이고, 탐험은 길이 없던 곳에 하나의 견해로서 길을 만든다. 이 길이 설사 모두에게 유용하지는 않을지라도 내게는 이곳에서 저곳으로 가는 과정이 되었기 때문이다. 독서의 묘미라고 한다면 읽기 전에는 나에게 이곳과 저곳이 있다는 사실조차 알지 못한 채 시작한다는 것이다. 오직 스스로 질문을 던지고 그것을 찾아가는 방법으로서 독서, 즉 한 책에서 다른 책으로 이어지는 끝없는 질문과 탐구의 과정으로서 독서가 어두웠던 내 세계에 불을 밝히고 다양한 이곳저곳을 만든다. 그런 독서는 기존에 사회적으로 당연시되던 길에 대해서도 그것 역시 하나의 견해에 불과함을 알려 준다. 어떤 길은 많은 사람이 다니며 큰길이 되었다. 하지만 그것 또한 삶을 사는 하나의 의견에 불과하다는 인식은 어떻게든 나의 길을 큰길을 향한 것으로 만들려던 욕망 자체를 점검하게 한다. 길이 결국 하나의 견해라면, 큰길 역시 마찬가지라면, 나는 이제 큰길로 향하는 샛길 찾기에 골몰하지 않으며 큰길에 대항하는 반대 길을 가야 한다는 강박에도 자유로울 수 있다. 어찌 보면 이제야말로 진짜 탐험이 시작되는 것이다. 나는 미지의 세계 곳곳에 꽂힌 깃발처럼 나부끼는 책을 등대 삼아 비로소 나의 삶을 시작한다.

지난 일 년 동안 책방의 이론서 공부모임인 '이런이론'에서 읽었던 책은 내게 전혀 새로운 길의 가능성을 보여 주었다. 책의 가치를 믿고 십 년 동안 열심히 일했지만, 여전히 보잘 것 없는 수입과 언제 쫓겨날지 모르는 불안한 처지에 대한 불만은 책방을 운영하는 내내 나를 괴롭힌 질문이다. 나는 이렇게밖에 살지 못하겠는데, 세상은 내가 가는 길이 사라지기를 바라는 것 같았다. 한편, 나는 이 길을 가다 보면 큰길까지는 아니더라도 걱정과 불안이 사라지는 적당히 넓은 길이 나올 거라고, 나와야 한다고 생각했다. 하지만 바라는 것들은 결코 이뤄지지 않았다. 앞으로 나아갈 수도 없고, 뒤돌아 포기할 수도 없는 수렁에 빠진 기분. 그때 만난 책이 『**감정의 문화정치**』(사라 아메드,

오월의봄)이다. 영국 출신으로 페미니즘 및 퀴어이론, 인종 연구의 교차점에서 활동하는 연구자인 사라 아메드는 이 책에서 감정은 무엇을 하는지 여러 철학 이론에 사회, 문화 현상을 접목하여 비평한다. "감정이 '열등한' 것과 '우월한' 것을 몸의 특징으로 바꿔내는 방식으로 작동하며 몸의 속성이 된다고 할 때, 감정이 사회적 위계를 수호하는 일과 밀접한 관련이 있음"을 주목한다. "사회구조는 강화된 감정 없이 존재 양식으로 물화될 수 없다. 감정에 주목하는 일은 개인이 특정한 구조에 투자하게 되는 문제에 답하도록 이끈다. 주체는 특정 구조가 해체되는 일을 자신이 죽는 것과 다름없는 일로 느끼기도 한다."

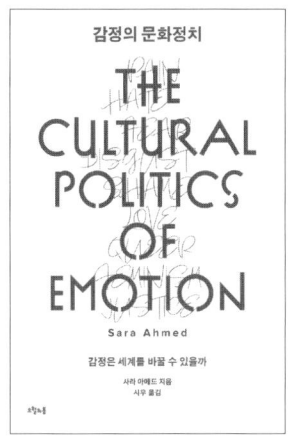

이 책을 읽으며 '앞으로 나아갈 수도 없고, 뒤돌아 포기할 수도 없는 수렁에 빠진 기분'이라는 어떤 의심도 없이 나의 감정으로 믿었던 기분의 실체는 무엇일까 처음으로 궁금해졌다. 감정은 순수하지 않다. 이념으로서 규범은 물질인 몸을 필요로 한다. 그 과정에서 감정이 무언가 역할을 한다는 인식의 전환은 그동안 불안과 걱정에 멍들기만 하고 정작 그것의 실체는 무엇인지 공들여 살피지 않은 나를 움직이게 했다. 나는 다시 배낭을 꾸린다. 이번에는 한 걸음씩 내딛을 때마다 마음에 일어나는 감정에 대해 주의를 기울이며 감정이 찰랑이는 그 자체가 만들어 내는 메시지들을 낯선 눈으로 바라보려 한다. 사십 대의 묘미는 세상의 지형과 내 마음의 지형 모두에 꽤나 익숙하다는 것이다. 이번 탐험은 그 익숙함 자체를 전복하는 새로운 길 찾기가 될 테고 책은 이번에도 나의 소중한 이정표가 될 것이다. 조금 달라진 것이 있다면 이번 탐험에서 찾게 될 길은 세상뿐만 아니라 내 몸과 마음 안에도 길을 낼 것이라는 점이다. 그리고 새로운 길을 새긴 내 몸과 마음은 세상에 새로운 길을 낼 것이다.

김미현 달팽이책방 책방지기

45 마흔다섯 살

여전히 반짝이고
아름다울
우리의 '오늘'

나의 일상에 가장 큰 설렘을 주는 키워드는 바로 '그림책'이다. 나는 그림책 읽기와 발견하기에 빠져, 주말이든 평일이든 강원도, 충청도 할 것 없이 그림책을 사랑하는 사람들이 있으면 어디든 찾아가 그림책 이야기를 나눴다. 그러다 2020년엔 사서, 작가, 출판사 등 다양한 직종의 사람들이 함께하는 '초록장화'라는 그림책 모임도 만들었다. 그렇게 그림책 속에 빠져 살아가던 중 코로나19 사태가 터졌다. 모일 수 있는 인원이 제한되어 많은 사람과의 만남이 어려워졌고 모이는 일 또한 여의찮을 때가 많았다. 그림책에 관한 이야기를 하고 싶고 나와 다른 식견을 가진 사람이 들려주는 다양한 그림책을 더 만나고 싶었던 그때, 나를 포함한 네 명의 사서 선생님이 의기투합하여 그림책 낭독모임을 결성했다. 이름하여 '낭독의 힘'.

근무하는 지역도 연령대도 달랐지만, 그림책을 좋아하는 사람들이 모일 수 있다는 것에 무척 신이 났었다. 시간이 맞으면 만나서 그림책을 낭독하고 어떤 날은 모임을 핑계 삼아 삼겹살을 구워 먹기도 했다. 서로 좋아하는 그림책을 들고 인근 카페로 나들이를 가기도 했다. 시간이 맞지 않으면 각자 읽은 그림책의 표지와 서지사항을 모임 밴드에 소개하고, 그림책 낭독을 녹음한 뒤 녹음 파일을 올리고, 그런 서로를 응원하고 칭찬했다. 이러한 방식은 만나는 것 이상의 희열이 있었다. 매주 네 명이 각자의 취향에 맞게 고른 그림책을 소개하고 목소리를 쌓고 기록하는 일은 너무도 행복한 경험이었다.

하지만 즐거운 모임은 생각보다 오래가지 못했다. 모임 구성원 중 선생님 한 분이 유방암 판정을 받고 투병을 시작한 것이다. 요즘처럼 의학이 발달한 세상에 2기 정도면 금방 나을 거라고, 병원에서 잘 치료해 줄 거라며 선생님을 응원했다. 그러나 선생님의 암 투병은 꽤 고단하고 힘든 여정이었다. 그래도 선생님의 모든 순간에 좋아하는 그림책이 작은 힘과 응원이 되길 바라고 또 바라는 시간이었다.

　아프고 힘들었던 고통의 시간이 지나면서 조금씩 회복되어 가는 선생님의 모습에 우리 모임도 차츰 활기를 찾아갔다. 하지만 그해 10월의 마지막 날에 급속도로 병세가 악화한 선생님은 끝내 우리 곁을 떠나 버렸다. 부고를 듣고 장례식장으로 달려간 우리에게 선생님의 남편께서는 "아내가 낭독모임을 아주 좋아했어요."라며 낭독모임에 대한 추억을 대신 전했다. 항암치료 중이라 아픈 몸에도 불구하고 낭독할 그림책을 고르러 도서관에 가고 낭독한 음성파일을 올리기 위해 더 좋은 목소리로, 더 나은 발음으로 녹음을 여러 번 했다고 전했다. 그림책 낭독 시간을 너무 좋아했으며 돌아가시기 전까지 우리 낭독모임은 선생님께 놀라운 힘을 발현하는 시간이었다고도 했다. 그 행복했던 낭독의 시간을 앞으로는 더 이상 함께 이어갈 수 없다는 것이 너무 마음 아팠다.

　그렇게 가슴 아픈 이별을 하고 얼마 뒤 '낭독의 힘' 밴드에 저장된 선생님의 목소리가 녹음된 음성파일을 따님에게 전달했다. "엄마의 소중한 목소리를 남겨주셔서 너무 감사해요. 정말 소중한 선물이에요."라는 따님의 얘기에 나는 또 한 번 눈물이 핑 돌았다.

　그때 운명처럼 나에게 다가온 책이 바로 『**오늘 상회**』(한라경, 노란상상)였다. 잊고 싶지 않은 선생님의 맑은 웃음소리, 애교 섞인 말투, 햇살에 반짝이던 동그란 안경, 차분하지만 단단한 목소리. 이 모든 흔적과 추억을 고스란히 오늘의 나에게로 전하는 책이었다. 『**오늘 상회**』는 별 의미 없이 보내는 '오늘'이 얼마나 소중하고 값진 것인지에 관해 이야기한다. 우리가 맞는 수많은 날 중 하루가 아닌 다시없을 소중한 하루, 더없이 빛나고 아름다운 '오늘'을 우리는 어떻게 보내고 있을까?

　누구에게나 눈뜨면 찾아오는 오늘은 어쩌면 소중하지 않은 것처럼 느껴지거나 값어치 없어 보일지도 모르겠다. 그러나 누군가를 떠나보내고 '오늘'이라는 순간을 맞이한 사람은 안다. 어제는 상상하지 못했던 새로운 오늘이, 내일을 꿈꾸는 오늘이 얼마나 소중하고 귀한

지 저절로 알게 된다.

    독서는 글을 읽는 시간 속에서 나의 가치관에 맞는 단어를 찾아가는 여정이라고 생각한다. 낯설고 긴 삶의 여정에서 책을 통해 만난 단어는 바로 '오늘'이다. '오늘' 하루를 열심히 살아갈 때 어제의 나도 내일의 너도 빛날 수 있을 것이다.

박현주 의정부 의순초 사서

● '낭독의 힘'과 함께한 그림책

『**내가 잘하는 건 뭘까?**』유진, 빨간콩
『**커다란 포옹**』제롬 뤼예, 달그림
『**커다랗고 커다란 물고기**』다카시나 마사노부, 북극곰
『**꽃을 선물할게**』강경수, 창비
『**가시 소년**』권자경, 천개의바람

45 마흔다섯 살

10살 남자아이를 키우는 45살의 남자아이

우리는 간단한 규칙 두 개를 지키기로 약속했다.

규칙 1: 아무도 집에 돌아가지 말 것

규칙 2: 아무도 뒤돌아보지 말 것

두 남자아이를 키우면서 비슷하게 느껴지는 것들이 있었다. 그것은 아이들의 모험심이 자라면서 점점 커진다는 것이다. 높은 곳에서 뛰어내리며 재미있어하고 위험해 보이는 행동을 통해 짜릿함을 느끼는 아이를 보며 나의 어린 시절을 떠올려 보았다.

하얀 연기를 내뿜으며 달리는 방역차가 나타나면 동네 아이들은 자전거를 타고 방역차 뒤를 쫓았다. 뿌연 소독약 연기로 앞이 잘 보이지 않았지만, 옆에 친구가 함께 있다는 사실만으로 용기를 얻으며 신나게 소리를 지르고 페달을 힘차게 밟았다. 동네 골목이 어두워져서 길이 잘 안 보일 때까지 친구들을 찾아 뛰어다니며 숨바꼭질 놀이를 했다. 그러다 엄마들이 밥 먹으러 들어오라고 아이를 부르는 소리가 들려도 배고픈 것도 잊고 친구들과 함께 노는 것이 즐거웠던 어린 시절이 어렴풋이 기억난다.

나는 인간을 바라보는 여러 가지 시각 중에 '호모 루덴스(Homo ludens)'라는 말이 참으로 적절하다고 생각한다. 유희의 인간, 놀이의 인간인 우리는 의식주가 해결된다면 즐거움을 찾아 시간과 노력을 쏟는다. 놀이와 모험은 위험할수록 더 짜릿하다.

『밤으로의 자전거 여행』(라이언 앤드루스, F)은 주인공 너새니얼이 한밤중에 친구와 함께 떠난 환상적인 자전거 여행을 통해 어린 시절의 모험과 용기, 친구와의 우정을 이야기하는 그래픽노블이다. 매년 추분 축제 때 강물에 띄우는 유등이 어디까지 가는지 알아보자며 한밤중에 아이들이 자전거를 타고 모험을 떠난다. 한참을 달리다 보니 저 멀리 벤과 친구들을 따라오는 아이가 있었다. 아이들은 따라오는 너새니얼을 놀리며 페달을 더 세게 밟아 따라오지 못하게 달려가지만, 너새니얼은 자신만의 거리를 두고 슬퍼하거나 분노하는 내색 없이 친구들을 쫓아간다. 이 대목에서 나는 나의 어린 시절이 떠올랐다. 친구들에게 인기가 있고 싶었지만 정작 그러지 못한 나 자신이 조금 부끄러웠다. 겉으로는 아무렇지 않은 척했지만, 속으로는 마음에 상처를 가지고 지냈던 것 같다. 그러나 너새니얼은 친구들이 자신을 좋아하지 않는다는 것을 알지만 주눅 들거나 자신을 낮추며 친해지기를 구걸하지 않았다. 그런 너새니얼이 나는 좋았다. 나는 그렇지 못했으므로 대리만족을 느꼈다고나 할까.

내 아이가 많은 친구들과 함께 잘 어울린다면 더없이 좋겠지만 아이의 성향은 나의 부족한 모습을 닮은 것 같았다. 나는 또래 친구들과 관계 맺기가 어려워 상처받지 않기 위해 먼저 거리를 두고 아무렇지 않은 척, 관심 없는 척 지냈지만 내 아이는 그런 아픔을 겪지 않기를 바란다. 너새니얼처럼 자신을 좋아해 주는 친구가 없는 것에 불안해하지 않고, 자신이 좋아하는 것을 찾아 세상에 호기심을 가지고 도전하는 마음을 배우기를 바란다. 자기 내면이 그것을 힘들어하지 않고 차분하게 자신과 지낼 수 있는 단단한 마음을 가진 아이로 기르고 싶다.

겁쟁이, 샌님이라고 놀림 받던 너새니얼은 벤과 함께 한 신비로운 자전거 모험에서 말하는 낚시꾼 곰을 만나 친구가 되고, 마법사를 만나 처한 위기를 헤쳐 나가며 마침내 등불이 가는 곳을 찾아낸다. 강의 끝에서 하늘로 올라가는 등불의 위대한 여정을 보며 벤과 너새니얼은 이전의 아이가 아닌 새로운 자아를 가지게 된다. 나는 그렇지 못했지만 내 아들은 자신을 싫어하건 말건 자신이 원하는 것을 향해 나아가는 너새니얼처럼, 타인의 시선을 뒤로하고 자신의 눈으로 세상을 바라보고 모험하며 용기가 있게 자라나면 좋겠다.

책을 함께 읽은 소심한 내 아이도 이 책이 꽤나 재미있다고 했다. 아직 어린 시절의 부끄러움 때문에 아빠도 너처럼 소심했다고, 친구가 별로 없어서 부끄러웠다고 말해 주고 싶었지만 차마 말하지 못했다. 나는 그냥 너새니얼이 참 멋진 아이 같다고 했고, 아이도 그렇게 보여서 자기도 너새니얼이 좋았다고 했다. 우리는 굳이 표현하지 않았지만 서로의 부끄러움을 넌지시 알아챘고 아는 체하지 않았다.

두려움을 이겨 내고 스스로 헤쳐 나가는 모험을 통해 아이는 배우고, 느끼고, 성장한다. 낚시꾼 곰처럼 자신의 성취 결과를 자랑스레 이야기하며 자아정체성을 단단히 만들어 가는 것이다. 나의 아이도 당신의 아이도, 우리가 그랬듯, 우리 아버지들이 그러했듯 호기심과 용기를 가지고 실패하며 모험을 통해 성장해 갈 것이다. 아빠는 아이의 미래다.

벤, 굳이 강요를 하지 않겠지만, 지금 물에 들어오지 않으면 앞으로 오늘을 떠올릴 때마다 "그때 나도 물에 들어가 볼걸." 하며 후회할 거야.

이인문 서울관광고 사서교사

49 마흔아홉 살

우연한 만남, 나를 키운 책

어쩌면, 새로운 삶이 시작될지도 모른다. 학창 시절을 다 보낸 아이는 이제 성인이 되었다. 여기서 새로운 삶을 시작하는 사람은 아이가 아니라 바로 나다. 아이가 중고등학교에 다닐 때, 아이와 나는 꽤나 많은 다툼과 갈등이 있었다. 학습에 온전히 임하지 않고, 학교생활기록부를 잘 관리하지 못한 아이. 내 눈에는 아이가 늘 그렇게 보였다. 다툼은 늘 나의 고성과 나무람으로 끝이 났다. 아이의 학창 시절 내내 나는 꽤나 괴로웠다.

우연한 만남이 나와의 만남으로

아이가 고3이 되었을 때다. 내 기대치는 높았고 아이의 모습은 그렇지 않아 항상 걱정이 많았다. 더욱이 이 시기에는 대화도 단절되었다. 답답한 마음을 달래려 마음 치유 강의 영상을 보기도 했고, 책을 읽기도 했다. 강의 영상에서 우연히 김창옥 소통전문가를 알게 되어 그가 집필한 책 중에 『유쾌한 소통의 법칙 67』(김창옥, 나무생각)을 읽으면서 아이와의 대화가 어디서부터 잘못되었는지를 깨닫기 시작했다. 저자의 영상 강의도 많은 공감을 할 수 있는 내용들이었다. 나는 생각이 변하기 시작했다. 공부, 학교생활, 대학 등 모든 것의 기준이 바로 나 자신임을 깨달았다. 아이는 없었다. 아이의 생각은 처음부터 있지도 않았다. 그저 내가 설정한 기대치와 목표가 있었을 뿐이다. 이 즈음에 법륜 스님의 글을 읽게 되었다. "욕심을 내면 그 욕심의 기준으로 늘 부족한 사람이 되고 욕심을 내려놓으면 지금 이대로도 아무 부족함이 없어요." 이 문구를 읽는 순간 바로 나 자신을 직시할 수 있었다. '늘 부족한 사람'을 나로 하지 않고 아이로 치환하자 나는 지금껏 내 욕심으로 아이를 부족한 사람으로 진단하고 있었던 것이다. 아이는 지금 이대로도 부족함이 없이 훌륭하게 자랐고, 자신만의 생각으로 자신의 삶을 살고 있었던 것이다. 아이를 지지하고 조력해야 하거늘, 내 기준으로 내 생각으로 아이를 재단하고 있었던 사실을 뒤늦게 깨달았다.

더 이어진 만남

나는 나를 옭아맨 줄을 풀게 만든 두 저자의 책을 더 찾아보았다. 분명 어떤 길을 찾을 수 있을 것 같았다. 두 저자의 최근 책을 찾아 탐독했다. 김창옥의 『지금 사랑한다고 말하세요』(수오서재)를 읽고 법륜 스님의 『지금 이대로 좋다』(정토출판)를 읽으면서 내 인생은 더 영글었고, 내 삶의 키는 더 크게 되었다. 자식을 위한다는 나만의 욕심에서 점차 벗어나기 시작했다. 전자를 통해 사랑과 가족이라는 이름으로 뭉개 버린 것들이 무엇인지를 알게 되었고 행복한 삶의 자세와 태도에 대해 진지하게 고민하게 되었다. 후자를 통해 나를 인정하고 사랑하는 법을 생각하게 되었고, 그 생각은 타인을 대하는 길을 알게 하는 이음터가 되었다. 두 책과의 만남으로 나는 한 치의 오차도 없이 계획하고 이를 실천해야 했던 나만의 삶의 방식을 아이에게 적용하지 않게 되었다. 아이는 학창 시절 내내 많은 스트레스를 겪었을 것이다. 즐겁게 놀지 못한 아이의 삶이 영상으로 지나간다. 아이의 마음을 읽고 위로하고 다독였다면 지금보다 더 나은 관계가 형성되었을 것이고,

더 행복했을 것이다. 내 욕심으로 색칠한 아이의 인생이 슬프다. 좀 더 이른 시기에 이 책들을 만났으면 어땠을까 하고 의미 없는 생각을 해 본다.

다시 새로운 삶을 향해

이제 나는 새로운 삶의 시작을 선언한다. 아이 인생의 주인공이 아이라는 것을 인정하지 못했음을 고백한다. 온전히 나의 욕심으로 생긴 지난날의 잘못을 인정한다. 나를 키운 책들에게 허리 숙여 인사한다. 그리고 긴 시간 마음고생을 했을 아이에게 미안함을 전한다. 아이는 건강한 시민으로 성장했다. 도덕적이고 예의 바르며 공동체 의식이 있다. 타인을 존중하고 배려할 줄 아는 역량도 있다. 감사한 일이다. 다시 돌아갈 수 없지만, 다시 돌아간다면, 정말로 그런 일이 허락된다면, 나는 지금과는 다를 거 같다. 이 글을 쓰면서 류시화 시인이 엮은 잠언 시집 **『지금 알고 있는 걸 그때도 알았더라면』**(열림원) 속 킴벌리 커버거의 글이 떠올랐다.

> **분명코 더 감사하고,**
>
> **더 많이 행복해 했으리라.**
>
> **지금 내가 알고 있는 걸 그때도 알았더라면.**
>
> —「지금 알고 있는 걸 그때도 알았더라면」 중

배영태 화성 신동고 교감

50대

50   모두 누구의 딸이자 엄마이기에 깊게 공감했고 자신을 되돌아보았으며, 자기 아이들을 그리고 엄마를 떠올리며 서로 다독였다.

50   혼자 질문하고 답하고, 울다 웃다, 썼다 지웠다를 즐겁게 무한반복 중이다. 삶이 깊어지는 만큼 나의 글도 조금씩 깊어지리라.

52   비 오는 날 더 강하게 맡을 수 있었던 책 냄새는 여태 내 기억 속에 남아 있다.

53   나는 부상이라는 절망적인 상황에 처했지만 어려움을 이성으로 극복하려고 했다.

53   걸음마다 사각사각사각 소리가 그에게 사막사막사막으로 들린 것이다.

54   두려움이 생길 수는 있지만 그럴 때 혼자 끙끙거리지 않아도 된다는 것을 알면 된다.

55   '우린 모두 상처받고 웅크린 아이들을 데리고 전사처럼 지내는구나!'

57   서툴고 소박한 그림을 그리기 위해서는 무엇을 어떻게 해야 할까?

50 쉰 살

그녀가
내게 남긴 것

그녀를 처음 만난 건, 2020년 2월의 어느 날이었다. 우리 학교로 전보 발령 난 그녀는 신학기 준비 전체 회의에서 수줍게 인사했다. 그러나 인사말은 당찼다.

"맛있는 음식으로 삼광 모두의 점심시간을 행복하게 해드리겠습니다."

400여 명 모두의 입맛을 맞추는 건 있을 수 없다. 입맛이라는 게 워낙에 다양하니 말이다. 그래도 우리는 그녀에게 열렬하게 박수를 보냈다. 우리의 밥을 책임질 그녀를 어찌 환호하지 않겠는가. 그녀가 어떤 일을 하는 사람인지 눈치 챘는가? 맞다. 그녀는 영양교사다.

2020년은 코로나19로 혼돈의 시기였다. 사람과 사람이 만날 수 없는 사상 초유의 사태가 벌어졌다. 학교도 예외는 아니어서 쌍방향 온라인 수업 전환이 불가피했다. 선생님들은 새로운 수업 기술을 익히고 자료를 제작하느라 고군분투했다. 게다가 점심까지 싸 와야 하는지를 두고 시끄러웠다. 두둥! 그때 그녀가 나타났다. 급식을 운영해 소란을 잠재웠다. 컵라면과 같은 편의 식품으로 점심을 때우는 불상사를 막아 주었다. 그러나 그녀는 오히려 닭죽, 김치볶음밥, 콩나물밥 같은 단품 요리라고 미안해했다.

　코로나는 다음 해에도 끝나지 않았다. 우리에게 연결과 협력과 공유가 필요했다. 그래서 한 교사의 제안으로 우리는 그림책을 활용한 수업 자료 개발을 위해 교원학습공동체를 결성해서 줌으로 매주 수요일에 만났다. 담임교사뿐만 아니라 비교과 교사인 나도 그녀도 동참했다. 우리는 그림책의 매력에 빠졌다. 교수학습 자료로도 손색이 없었지만, 교사들의 힘든 마음을 다독이기에도 충분했다. 교원학습공동체 모임은 2명씩 돌아가며 그림책을 읽어 주고 학습 활동을 소개하는 방식이었다. 그림책을 소개할 때, 소개하는 사람의 취향과 평소에 하는 고민이 드러났다. 어떤 것에 가치를 두는지 서로 알아갔다. 여러 그림책을 함께 읽고 나누는 사이, 우리는 돈독해졌다.

동료들과 나눴던 그림책 중에서 그녀가 읽어 준 그림책 『**나의 엄마**』(강경수, 그림책공작소)는 여러 선생님의 눈물샘을 자극했다. 이 그림책의 본문은 '맘마'와 '엄마' 두 단어의 연속으로 되어 있다. 그림은 누구나 공감할 만한, 엄마에 대한 깊은 사랑을 충분히 담아냈다. 그녀의 입에서 나오는 여러 감정을 담은 '맘마'와 '엄마' 소리에 우리는 같이 웃었고, 함께 탄식했으며 울었다.

릴리아 작가의 『**파랑 오리**』(킨더랜드)는 아기 악어가 파랑 오리에게 "엄마"라고 부르면서 가족이 된 이야기다. 파랑 오리가 아기 악어를 돌보는 사이 악어는 쑥쑥 자랐고 파랑 오리는 점점 기억을 잃었다. 돌봄의 주체와 객체가 바뀌면서 뭉클함에 코끝이 찡해졌다.

그녀가 이 두 권의 그림책을 소개한 이유는 예민한 쌍둥이를 키우면서 많이 지쳤기 때문이리라. 그녀와 나는 동갑내기이다. 나는 결혼을 일찍 했기에 딸과 아들이 성인이다. 반면, 그녀의 아이들은 초등학교 4학년이었다. 그녀는 아이들을 모두 졸업시킨 내가 부럽다고 했다. 자신의 아이들은 언제 크냐며 쓴웃음을 지었다. 아이들을 키우면서 엄마를 향한 애틋함이 더 생긴다고도 했다.

선선한 바람이 불고, 단풍이 물든 무렵이었다. 그녀의 엄마와 그녀의 쌍둥이 아이들을 한자리에서 만났다. 그래서였을까? 학부모 독서동아리에서 선정한 책을 읽을 때 자꾸만 그녀가 어른거렸다. 모임에서 함께 읽은 책 8권 중에서 그녀를 생각나게 한 책은 『**소년의 레시**

피』(배지영, 웨일북)와 『H마트에서 울다』(미셸 자우너, 문학동네)이다. 키워드가 '음식'과 '엄마'이기 때문이다. 그리고 모임을 여는 그림책으로 그녀가 소개한 두 그림책을 활용했으니까.

『소년의 레시피』는 가족을 위해 요리하는 고등학교 남학생의 이야기이다. 『H마트에서 울다』는 한국계 미국인인 저자가 암으로 세상을 떠난 엄마를 한국 요리로 애도하는 에세이이다. 『나의 엄마』와 『파랑 오리』가 그랬듯이 이 두 권도 독서동아리 회원들의 눈물샘과 닫힌 마음을 열었다. 모두 누구의 딸이자 엄마이기에 깊게 공감했고 자신을 되돌아보았으며, 자기 아이들과 엄마를 떠올리며 서로 다독였다.

그녀의 가족을 만나러 갔던 날, 그녀는 그곳에 없었다. 대신 환하게 웃는 그녀의 사진 한 장만이 나를 맞이했다. 그녀는 이 년 전, 갑작스러운 사고로 오랫동안 병원에서 깊은 잠에 빠졌다. 잠시만 휴식을 갖고 복직하라고 기도했는데, 그녀는 영영 우리 곁을 떠났다. 나는 그녀와 함께 있음을 느낀다. 그리고 내 마음의 책장에도 소중히 간직할 거다. 그녀를 다시 만날 때까지.

이선화 서울삼광초 사서교사

50 쉰 살

평생을 함께한
나의 사우 예찬

1981년 여덟 살, 수업이 끝나면 나는 피아노학원으로 향했다. 나에게는 연습을 시작하기 전 거쳐야 할 통과의례가 있었는데, 그것은 바로 책 읽기였다. 거실 소파에 앉아 손때 묻은 그림책들과 만화책들을 닳도록 읽었다. 이 의례는 삼 년 남짓 계속된 것 같다. 공주가 되고 싶어서였을까? 나는 그림책의 공주들을 빈 종이에 무던히도 따라 그렸었다. 신데렐라, 백설공주, 숲속의 잠자는 공주 등의 모습이 지금도 눈에 선하다.

초등 3학년 어린이날 즈음 학교를 마치고 집에 오니 전집 수십 권이 쌓여 있었다. 계몽사의 세계문학전집이었다. 그중 특히 많이 읽은 책은 독일민담, 영국민담, 프랑스민담, 러시아민담 모음집이었다. 왕자와 공주가 나오고, 난쟁이와 거인, 머리가 아홉 개나 달린 악마가 나오고, 마법과 모험이 펼쳐지는 이야기가 재미있었다. 「게으름뱅이들의 천국」은 읽을 때마다 행복했다. 빵과 사탕이 주렁주렁 매달려 있는 나무, 등에 포크를 꽂은 채 걸어 다니는 구운 돼지, 우유가 흐르는 냇물이 그려진 삽화는 보고 또 봐도 질리지 않았다. 설탕으로 된 얼음산을 다 핥아먹어야 갈 수 있는 천국이라는데 정말이지 너무너무 가보고 싶었다.

그런데 아무리 이상한 환상이 펼쳐져도 의심을 품거나 의문을 가져본 기억은 없다. 가령 '공주가 홧김에 벽을 향해 던진 개구리가 왜 왕자로 변신한 걸까? 개구리 왕자는 왜 자신을 죽이려고 한 공주와 결혼까지 했을까?' '신데렐라의 발은 도대체 어떻게 생겼기에 온 나라에 유리구두가 맞는 사람이 단 한 명도 없는 걸까?' 이런 사소한 질문조차 하지 않은 채 그저 읽기만 했다는 사실이 신기하기만 하다.

대학생이 되었다. 교과서가 아닌 책을 원 없이 읽을 수 있음에 감사했다. 조혜정 교수로부터 시작된 여성주의에 대한 관심은 이후 나와 세상을 바라보는 새로운 관점을 열어 주었다. 슬프게도 신데렐라와 백설공주는 이제 선망의 대상이 아니라 타도의 대상이 되어 버렸다. 아, 여성 억압의 길고 긴 역사여! 청춘의 한 시절을 불타는 혹은 어설픈 정의감으로 보낼 무렵 나는 생각했다. 민담 속 공주들의 이야기는 '다시 쓰기'가 시도되어야 한다!

2005년, 눈에 넣어도 아프지 않을 딸을 낳았다. 나는 태교를 한답시고 동네 도서관에서 또다시 민담을 읽어댔다. 아이에게 옛날이야기를 실감 나고 재미있게 구연해 주는 엄마가 되고 싶었다. 어린이용으로 윤색되지 않은 그림책이 간간이 눈에 띄었다. 연쇄살인을 다룬 「푸른 수염」, 딸과의 결혼을 감행하는 「별별 털복숭이」 같은 잔인하고 기괴한 이야기들이 기억에 남아 있다. 아이가 커 가면서 나는 온갖 전집을 사들이며 딸에게 옛이야기를 읽어 주었다. 반복해서 읽어 주었으므로 아이는 이야기를 외울 지경이 되었는데, 글자도 못 읽는 아이가 마치 글자를 읽는 것처럼 나에게 이야기를 들려줄 때면 그렇게 귀여울 수가 없었다. 20대 시절의 비판의식이라곤 온데간데없이 사라져 버렸다. 그런데 책 말미에 실어 놓은 친절한 해설을 읽을 때면 아쉬운 생각이 들었다. 이렇게 납작한 해설이라면 오히려 이야기의 다층적 의미망을 축소시킬 수 있다는 생각이 들었기 때문이다.

    2012년! 나는 만세를 불렀다. 1857년에 출판된 그림 형제의 『어린이와 가정을 위한 이야기』 마지막 7판의 한국어 완역판 『그림 형제 민담집』(현암사)이 출판된 것이다. 이 책은 수백 편의 민담이 아름다운 삽화와 함께 1076쪽으로 압축되어 있었다. 감사와 환희로 책을 샀던 기억이 난다. 그때부터 민담에 대한 나의 학문적 호기심이 조금씩 발동하기 시작한 것 같다. 이성적으로는 도무지 이해되지 않는 이 모든 이야기를 확실하게 이해하고 싶었다. 독일 최고의 학자이자 언론인이었던 그림 형제가 7판에 이르도록 개정과 수정을 거듭한 것을 보면 이들이 얼마나 민담 연구에 공을 들였는지 알 수 있을 것이다. 인류학과 종교, 심리학적 관점에서 민담을 분석한 단행본들을 간간이 읽었다. 하지만 왠지 마음이 편치는 않았다. 동서고금 남녀노소 모두가 즐기는 민담을 특수한 학문적 관점으로 해석할 때 이야기의 적층 문학적 성격 혹은 보편성이 훼손된다는 생각이 들었기 때문이다. 하지만 나는 민담을 제대로 이해하고 연구해 볼 엄두를 내지는 못했다. 강의를 나갔었고, 육아와 살림에 몸은 너무나 지쳐 있었다.

2018년 무렵부터였을까, 나는 이유 없이 아프기 시작해서 점점 너무 많이 아파졌다. 치료를 위해 여기저기를 돌아다녔고 좋다는 이것저것을 먹었다. 실망과 좌절, 슬픔과 우울, 무기력과 두려움이 계속되다가 가끔은 분노가 폭발하기도 했다. 당시 나의 몸과 마음은 지푸라기로 만든 다 해진 허수아비와 다름없었다. 어느 날 문득, 나는 지금까지 나의 관심과 공부가 항상 외부를 향해 있었음을 자각했다. 명상을 다니기 시작했고, 북드라망 출판사를 통해 사주명리와 **『동의보감』**을 배웠다. 가장 영적이라고 알려진 북아메리카 인디언들을 다룬 책들과 류시화의 영성 가득한 책들을 탐독했다. 종교인은 아니지만 기독교와 불교에도 관심을 가지게 되었다. 위대한 지혜의 숲을 더듬더듬 통과해 가던 중, 나는 나에게 오래도록 묵혀 둔 숙제가 있었음을 문득 생각해 내고야 말았다.

나이 50을 바라보던 즈음, 다시 『그림 형제 민담집』을 펼쳤다. 익숙하지만 굉장히 낯설게 느껴졌다. 낯섦이 가져다주는 혼돈 속에 가만히 머물러 있다 보니 어느 순간 눈앞이 환해졌다. 도무지 풀 수 없는 수수께끼처럼 느껴졌던 인생의 질문과 해답이 마치 퍼즐처럼 조각조각 맞춰지는 신기하고도 가슴 벅찬 경험을 했다. 그럴 땐 내 몸이 시원한 바람이 지나가는 통로처럼 느껴지기도 했다. 눈물 속에서 건져 올린 작은 깨우침들을 나는 글로 옮기는 중이다. 내게는 치유의 과정이기도 하다. 혼자 질문하고 답하고, 울다 웃다, 썼다 지웠다를 즐겁게 무한반복 중이다. 삶이 깊어지는 만큼 나의 글도 조금씩 깊어지리라. 『그림 형제 민담집』은 나의 오랜 친구이자 존경하는 스승이지만, 알면 알수록 그 깊이와 무게를 짐작할 수 없는 미지의 사우(師友)이기도 하다. 나의 벗, 나의 스승이 만인의 사우가 될 수 있기를 간절히 소망한다.

박사문 학교도서관저널 도서추천위원

52 쉰두살

도서관,
내 안의 또 다른
나를 만났던 곳

마지막 학교로의 전보를 앞두고 있다. 그곳에서 5년, 그리고 한 번 더 유예를 거친다면 내 사서 생활은 끝난다. 하도 자주 바뀌는 행정업무 탓에 쌓인 이력에 비해 그다지 실력은 늘어난 것이 없고 여전히 나는 시행착오를 되풀이하고 있다. 그럼에도 하늘의 뜻조차 알아낸다는 나이가 되다 보니 상처도 당혹도 그저 덤덤히 맞아 내고 있는 중이다.

2024년부터 사서 업무가 상시 근무로 바뀌면서 방학 중에도 학교도서관은 열려 있었는데, 꾸준히 도서관을 찾는 학생들이 있었다. 나는 어제의 도서관과는 다른 특별함을 마련하려고 북큐레이션을 기획했다. 제목은 '같은 제목의 다른 책들'인데, 주제 관련 책을 찾아보다가 생텍쥐페리의 『어린 왕자』와 유사한 제목의 『나의 어린 왕자』(정여울, 크레타)을 보고 읽게 되었다.

이 책에는 저자의 무의식 속 기억을 간직한 내면아이 '조이'와 성인자아 '루나'가 만나 진솔하게 나누는 이야기가 담겨 있다. 책을 읽다 보니 무작정 책으로만 달려갔던 어린 시절 내 모습이 떠올랐다. 재미도 아니었고 필요도 아니었던 그 시절의 책 읽기를 생각해 보면, 그건 내 마음 속 내면아이 '조이'와의 소통이었던 것 같다.

삶이 그러하듯 시작은 우연이었다. 내 아이가 막 초등학교 생활에 익숙해질 무렵 알림장에 적힌 학교 운영 회의 참석 요청에 흔쾌히

응했다가, 참석한 사람은 학부모회 임원 중 한 자리씩 맡았으면 한다는 담임교사 요청을 거절 못한 게 사단이었다. 학교 행사에 불려 다니고 간간이 형식상 학교 운영에 관한 의견 제시 기회가 오면 그나마 관심 두고 있었던 학교도서관 문제, 독서교육 이야기를 번번이 꺼냈다. 그때마다 교장선생님은 내 의견을 지지했고, 마침 학교에 사서 자리가 비었을 때 기어이 나를 부르셨다.

그렇게 시작된 학교생활은 재미없었다. 엘리베이터도 없는 건물의 제일 위층에 자리한 교실 한 칸 반 크기의 도서관에 장서는 3,000여 권이 전부였다. 많아야 하루 100여 건인 도서 대출 반납 업무가 내 일이었다. 지금처럼 반별 배당 수업이 있었던 것도 아니고, 독서신문을 발행하지도 않았고, 학생, 교사, 학부모 독서 동아리도 맡지 않았다. 교사나 학부모의 출입을 막았던 것도 아닌데, 교사도 학부모도 도서관엔 별로 관심이 없었다. 유일하게 도서관을 자주 찾아주셨던 교장선생님은 눈에 띄지도 않는 내 노력을 크게 보아 주셨고, 별것도 아닌 걸 마구 칭찬해 주시면서 잊혀 가는 내 안의 또 다른 나를 끌어내어 주셨다.

오랫동안 잊고 있던 그 아이, 꽁꽁 숨어서 숨죽이고 있지만 언제

말 걸어 주려나 호시탐탐 주변을 맴돌던 소심한 그 아이는 이제 막 부임한 도서 담당 선생님을 만났던 초등학교 2학년 시절의 나였다. 방과 후 학원 수업도, 별다른 할 일도 없던 내게 선생님은 나머지 공부처럼 날마다 특별한 미션을 하나씩 던져 주셨다. "좀 도와줄래?"로 시작되던 선생님의 미션들은 초등학교 2학년짜리 손길로는 전혀 도움이 되지 않을 법한 책 정리, 환경 미화 정도가 고작이었다. 그런데도 선생님은 마치 내가 엄청난 일을 해낸 것처럼 칭찬을 아끼지 않으며 나에게 자기 효능감을 빵빵하게 불어넣어 주셨다. 자신감, 자존감과는 다른 그 감정은 내가 이 자리에 안성맞춤이라는 뿌듯함이었다.

40년 전 그 선생님과 나누었던 책 이야기는 기억나지 않는다. 선생님과 나누었던 많은 대화 중에 분명 책 이야기도 있었겠지만 굳이 책 읽기 요령이라든가, 좋은 책 구별법 따위를 강조하진 않으셨던 것 같다. 대신 이른 아침 도서관 창을 비추던 고운 햇빛 색깔, 공기 중 둥둥 떠다니던 반짝이는 먼지, 비 오는 날 더 강하게 맡을 수 있었던 책 냄새는 여태 내 기억 속에 남아 있다. 일이 힘들고 사는 것이 덧없을 때 그 기억들은 내 맘을 다독이며 힘을 준다.

나는 『**나의 어린 왕자**』 덕분에 다시 돌아가지 못할 나의 지난날 책 읽기를 다시 들여다보았고, 일단락의 마무리를 할 수 있었다. 마무리는 되었지만 끝이 아니다. 다시 시작 되는 나의 새로운 날들, 한층 자라난 모습의 조이, 나의 어린 왕자, 응원해 주길!

남정미 서울상지초 사서

● **함께 읽으면 좋을 책**

『**내면아이의 상처 치유하기**』 마거릿 폴, 초록북스
책 속 매뉴얼을 따라 한다면 방관했던 내 안의 나를 찾을 수 있다.

『**나를 만나는 시간**』 임윤선, 자음과모음
내 삶의 주인공은 바로 나임을 깨닫게 된다.

『**만화로 읽는 아들러 심리학**』 이와이 도시노리, 까치
바꿀 수 없는 과거에 연연하지 않고 심리학의 핵심인 '용기'를 생활에 적용하는 방법을 알려주는 만화다.

53 쉰세 살

이성의 쓸모

내 인생의 절정은 언제일까? 나는 지금 이 순간이라고 생각한다. 끊임없이 나를 발전시키려는 노력이 있다면, 죽는 날이 가장 좋을 때가 될 것이다. 이런 생각을 하게 된 것은 53살이 되던 해였다. 학교를 옮기고, 낯선 환경에 적응하느라 몸과 마음이 모두 힘들던 시기였다.

그날은 테니스를 치기 딱 좋은 날씨였다. 미리 운동복으로 갈아입고 일을 마무리하고 있었는데, 퇴근 무렵 갑자기 비가 내렸다. 실망감에 빨리 짐을 싸고 차로 갔는데, 체육관에서 배드민턴 치는 소리가 들렸다. '꿩 대신 닭'이라 생각해서 배드민턴 라켓을 들고 경기에 참여했다. 문제는 경기 중에 발생했다. 백핸드를 강하게 치려던 순간, 어깨에서 '뚝' 하는 소리가 났다. 급히 스트레칭을 하고 주무르니 괜찮아졌다. 운동을 조기에 마치고 집으로 가려는 찰나 비가 멈췄다. 나는 아픔도 잊고 테니스장으로 향했다.

결과적으로, 그날 테니스를 친 후 심각한 어깨 부상을 입었다. 스테로이드 주사를 맞았지만, 바보같이 계속 테니스를 쳤다. 2개월 후, 어깨 통증이 심해 아침에 일어날 수조차 없었다. 간신히 휴일에도 문을 여는 병원을 찾았고, 검사 결과 회전근개 2개와 관절와순이 파열되었다는 진단을 받았다.

이미 힘든 상황에서 스트레스를 해소할 운동마저 하지 못하니 절망스러웠다. 통증의학과에서는 수술만이 해결책이라 했다. 야구선수 류현진이 수술 후 더 좋은 성적을 낸 사례도 봤지만 망설였다. 나는 운동선수가 아니기에 수술을 해야 할지 고민하던 중, 단골 한의원에서 희망적인 소식을 들었다. 수술을 해도 회복하기까지 1년이 걸리며, 재활 운동으로 회복된 사례도 많다고 했다. 그날로 재활운동을 시작했다. 어깨에 좋다는 밴딩 운동을 매일 했다. 처음에는 너무 아파서 한 세트도 제대로 못했다. 1개월 후 조금씩 나아졌고, 3개월 후에는 상태가 드라마틱하게 좋아졌다. 바로 그날 탁구장에 등록했다. 테니스를 대신할 운동으로 탁구를 선택한 것이다.

부상 후 1년 3개월이 지나서 다시 테니스장에 섰다. 그 희열은 어떤 것으로도 비교할 수 없었다. 사실 나는 30살 때 이미 회전근개 하나가 파열되었다. 그때 이후 서브 동작과 스매싱 동작이 어색해졌다. 아무리 노력을 해도 고쳐지지 않았다. 20여 년 후 다시 2개의 회전근개가 파열되어 총 4개 중 3개가 손상되었던 것이다. 그러나 재활 과정을 통해 회복된 어깨는 이전보다 강해졌다. 물론 최초 부상을 입기 전 상태로 돌아간 것은 아니다. 하지만 이 정도로 너무 만족한다.

우리 몸은 유기체다. '이가 없으면 잇몸으로'라는 말처럼, 심각하게 근육이 파열되지만 않으면 충분한 휴식과 영양 보충, 재활 운동을 통해 다시 회복될 수 있다. 정신이 육체를 지배한다지만, 때로는 육체가 정신을 지배하기도 한다. 운동을 하지 못해 힘들었던 나는, 다시 운동을 시작하며 활기를 되찾았다. 육체와 정신이 상호작용하는 과정을 거치면서 위기를 극복한 것이다. 그때 문득 30대 중반에 읽었던 알프레드 노스 화이트헤드의 『**이성의 기능**』(통나무)이 떠올랐다. 이 책은 김용옥이 번역한 것으로, 영어 원문을 직역한 후 다시 해제를 해서 이해를 돕고 있다. 영어권에서 대학 교육을 받은 사람도 제대로 이해하기 어렵다는 평가를 받고 있는 책이다.

　이 책을 본격적으로 읽기 위해 아침 7시에 출근을 했고, 1시간 동안 정독을 했다. 먼저 영어 원문을 읽고 직역으로 맞는지 확인했다. 그리고 김용옥이 해설한 부분을 읽고 내가 제대로 이해했는지 확인했다. 책을 읽다가 읽은 부분을 여백에 깨알같이 정리하기도 했다. 내 지식의 지평을 넓힐 수 있는 아이디어가 생각나면 정리하기도 했다.
　저자는 책에서 이성을 연어가 강을 거슬러 올라가는 것에 비유하면서 다음과 같이 말했다.

> 이성의 기능은 삶의 예술을 촉진하는 것이다. 진화론적 관점에서 이성은 생존의 도구일 뿐 아니라, 환경에 대항하여 새롭고 더 나은 삶의 조건을

창조한다. 이를 통해 이성은 연어가 강을 거슬러 올라가듯 저항을 극복하며 진보를 이룬다.

연어는 산란을 위해 태어난 강으로 돌아가면서 험난한 여정을 거친다. 이 과정에서 연어는 포식자를 피하고, 산소가 풍부한 환경을 찾기 위해 강 상류로 거슬러 올라간다. 이러한 행동은 유전적으로 프로그램 되어 있으며, 연어가 성공적으로 번식하고 다음 세대로 유전자를 전달할 수 있도록 도와준다. 만일 연어가 상류로 올라갔는데 댐 건설 등의 이유로 바다로 돌아가지 못하면 어떤 일이 발생할까? 바다로 돌아가지 못하고 강 상류에서 살게 된 연어는 육봉화된다. 육봉 연어는 원래의 해양 회유 연어와 비교하여 크기가 작고, 생태적 조건에 맞춰 변형된 형태를 보인다.

연어가 온갖 어려움을 헤치고 강으로 회유하여 거대한 몸집을 유지한 것처럼, 나는 부상이라는 절망적인 상황에 처했지만 어려움을 이성으로 극복하려고 했다. 그 과정에서 부상이 회복되어 건강해진 육체는 나의 이성을 강하게 만들어 주었다.

이수종 서울 신연중 과학교사

53 쉰세 살

바오바브나무마을
눈빛 초롱한
어린 왕자들

나는 출판기획편집자로 살아온 이력으로, 물려받은 전북 고창 바닷가 폐교에서 '책마을해리'를 가꾸고 있다. 폐교를 하나하나 책공간으로 탈바꿈하며 출판캠프, 책학교를 열기도 한다. 전국에서 모인 학생들이 하루나 이틀, 길게는 보름 동안 책마을해리에서 읽고 쓰고 노는 것이다. 노는 주제, 읽는 주제가 참 다양하다. 가까운 바다 갯벌 생태공간에서 그림책을 읽기도 하고 영화를 보기도 한다. 공간 불문, 장르 불문 재미나게 논다. 단, 활동을 마치기 전에는 꼭 책으로 펴낸다는 조건만 채우면 된다. 조건'만'이라고 쉽게 말하기에 책을 펴내는 일이 만만치는 않다. 읽고 쓰는 일이 참 어려운 세대 친구들과 마음 모으고 뜻 모아 크고 작은 책들을 펴내 보았다. 2012년부터 5,000여 명의 글벗들이 이 작은 책학교를 거쳐 작가가 되어 보는 경험을 가졌다.

다시 『어린 왕자』(앙투안 드 생텍쥐페리, 열린책들)를 펼쳤다. 2022년 7월 말에 책마을해리에서 열린 출판캠프에서다. 팬데믹이 조금씩 저물어 가던 때라, 여전히 마스크를 쓰고 곳곳에서 모인 아이들과 '읽기 중심' 책학교를 열었다. 책마을해리 앞 장호바다 그늘과 동학 역사가 스민 무장읍성을 찾아가서 책을 읽고 글을 쓰며 바다놀이, 생태놀이를 하며 일주일을 지냈다. 이레 동안 여러 가지로 노는 가운데, 모든 아이들이 함께 책 한 권을 400자 원고지에 베껴 보는 놀이도 했다. 연필이 편하면 연필로, 볼펜이 편하면 볼펜으로, 사인펜이 편하면 사인펜으로 번갈아 가면서 양껏 써 보는 것이었는데, 그때 필사한 책이 『어린 왕자』였다.

아이들은 저마다 다른 필체로 된 『어린 왕자』를 마주하는 신기한 경험을 했다. 친구들의 얼굴, 친구들의 목소리, 연필이며 볼펜으로 써 내려간 필체와 지우개로 지우거나 줄을 그어서 다시 쓴 흔적 등을 보며, 『어린 왕자』의 무대를 누비는 아이들의 모습을 볼 수 있었다. 아이들은 모아 놓은 100권의 책 가운데 55권을 읽고, 짧거나 긴 책 이야기를 썼다. 아이들은 매일매일 놀았던 이야기까지 모아서 작은 책을 펴냈고, 이레째 날 출판기념회를 하고 헤어졌다.

다시 『어린 왕자』를 펼쳤다. 2023년 겨울, 지리산 시인 박남준의 신작 에세이 출간을 준비하면서다. 박 시인은 『어린 왕자』를 마주하며 늘 의문이 있었다. 어린 왕자의 별에 사는 바오바브나무에 대해서다. 생텍쥐페리는 바오바브나무를 아주 몹쓸 나무, 어린 왕자의 별을 좀먹는 나무로 표현했다. 그래서 어린 왕자는 자신의 별을 지키기 위해 보이는 족족 바오바브나무를 캐내었다. '그런데, 바오바브나무가 그렇게 몹쓸 나무일까?' 평생의 질문이 되었다. 생텍쥐페리는 어떤 바오바브나무를 보아서, 바오바브나무의 어떤 면을 보아서 그렇게 전 세계 어린이에게 바오바브나무를 헐뜯고 만 것일까? 질문은 아주 우연한 일로, 먼 아프리카 여행으로 번지게 된다.

지리산 기슭에 살고 있는 그의 집 마당, 번성하는 풀 덕분이었다. 봄부터 가으내 그 풀 뽑아내기에 지친 시인은 지인들의 조언으로 풀밭 마당을 한 꺼풀 걷어내고 왕마사(굵은 모래)를 깔게 된다. 그렇게 숙원 작업을 마치고 마당을 가로질러 방으로 들어가려고 걸음을 떼었다. 걸음마다 사각사각사각 소리가 그에게 사막사막사막으로 들린 것이다. 그 사막을 걷는다는 갑작스런 느낌이 다시 어린 왕자를 떠올리게 했다. 우여곡절 끝에 바오바브나무 군락으로 알려진 마다가스카르에 다녀오게 되었다.

바오바브나무는 아프리카의 척박한 땅에 뿌리내리고 사람들에게 '모든 것'을 내어 주는 사랑스런 나무라는 것을 알게 되었다. 여행하며 얻은 바오바브나무 씨앗을 틔워 벌써 두 해를 키워 오고 있기도 하다. 여행 앞, 유년의 이야기부터 우리 땅 우리 기후에서 싹을 틔우고 가지를 일으킨 여러 바오바브나무 이야기까지를 차곡차곡 담은 책이 『안녕♡바오』(박남준, ㄱ)이다. 지난봄 세상과 만난 『안녕♡바오』는 시인과 함께 우리나라 곳곳에서 독자와 만나고 있다. 시인은 인세를 모두 기부하고 있다. 그 바오바브나무 군락지가 있는 마다가스카르 안둠빌마을 어린이들이 다니는 학교를 위해서다. 『어린 왕자』의 어린 왕자처럼 머플러를 휘날리지는 않지만, 까만 얼굴 초롱한 눈빛의 『안녕♡바오』의 주인공, 그 어린 왕자들의 작은 학교가 다시 지어졌다.

이대건 책마을해리 촌장

54 쉰네 살

중년이 된
여고생에게

안녕, 친구들. 그대들의 50대는 어떻게 지나가고 있는지? 갱년기라는 낯선 것이 찾아오면서 뜬금없이 덥다가 춥다가를 반복하고, 의도했던 말이 아닌 엉뚱한 단어가 튀어나오고, 건망증도 심해지기도 했다. 내 자신이 마음에 들지 않을 때도 있었고 받아들여야 하는 변화라는 것을 알면서도 가끔 우울하기도 했다. 자녀들이 성인이 되고 늦둥이 막내마저 고등학생이 되면서 아이들이 나를 찾는 횟수가 줄었고 혼자 있는 시간이 늘어났다. 나에게 집중할 수 있는 시간이 늘어나자 문득 나를 돌아보게 되었다. 나는 '잘 살아가고' 있는 걸까?

직장에서도 중견… 교사라는 귀한 직업을 가진 덕에 아직 일할 수 있는 시간들이 보장되어 있지만, 어느덧 은퇴와 관련된 단어들이 가깝게 다가왔다. 퇴직 이후의 삶에 대한 계획들을 생각하게 되면서 20대에 느꼈던 막연한 불안감이 가슴 한편에서 다시 올라오는 것을 느꼈다. 은퇴 이후의 삶, 해 보고 싶은 일이 있지만… 내가 잘할 수 있을까?

그러던 어느 날 우연히 이 친구들을 알게 되었다. 소년, 두더지, 여우, 그리고 말. **『소년과 두더지와 여우와 말』**(찰리 맥커시, 상상의힘)은 내가 나 자신에게 준 선물이었다. 무엇을 위한 선물이었는지는 또 까맣게 잊었다. 시력이 나빠지면서 작은 글씨로 가득 찬 책을 피하던 때여서 그런지 과하지 않은 삽화들과 큰 글씨, 그리고 여백에 마음이 끌렸다. 무심히 맨 앞 장을 들추는데 저자가 인사를 건네 왔다.

안녕. 당신은 책을 첫 장부터 읽는군요.

마치 내게 말을 거는 것 같아 미소를 띠고 읽어 내려갔다. 언제 어디를 펼쳐 읽어도 괜찮은 책을 만들고 싶었으니 마음 내키는 대로 가운데부터 읽어도 좋다는 말이 마음에 들었다. 인사말의 마지막 부분

"저는 당신이 이 책을 재미있게 읽고 자신을 더욱 사랑하기를 바랍니다."를 읽고 나니 이 책을 끝까지 읽어야겠다는 생각이 강하게 들었다. 아마도 나는 나의 중년을 사랑하고 싶었던 것 같다. 천천히 책장을 넘겨 나갔고 습관대로 끝까지 빠른 속도로 읽었다. 나는 일단 끝이 궁금해서 빨리 봐야 하는 사람이다. 그런데 이 이야기는 그렇게 한 번 보고 말 것이 아니었다. 나는 아주 느린 속도로 다시 읽었다. 오래 머물기도 했고 한 페이지만 펼쳐 놓고 그 부분만 보고 있기도 했다.

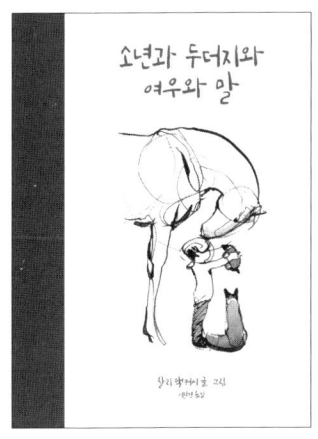

책을 읽으며, 때로 소년이 되고 두더지가 되어 보기도 하면서 그들과 대화를 나누었다. 소년이 내게 말했다.

"네가 이 세상에 있고 없고는 엄청난 차이야."

'그래, 맞아. 그게 중요한 거지!' 나는 그 말에 동의했다. 그리고 미래에 대한 막연한 두려움을 가진 나에게 두더지가 말해 주었다.

"내가 아는 나이 든 많은 두더지들은 그동안 자신의 꿈보다 내면의 두려움에 더 많이 귀를 기울였다는 걸 후회해."

맞다! 두려움이 생길 수는 있지만 그럴 때 혼자 끙끙거리지 않아도 된다는 것을 알면 된다. 말이 이야기한 것처럼 모두가 조금은 두려워하지만 함께 있으면 두려움이 덜할 거다. 그리고 도움을 청하는 건 포기하는 게 아니고 포기를 거부하는 거라는 말은 내 안의 두려움을 걷어내게 했다. '좀 두려우면 어때? 도와달라고 하면 되지!'

"네 컵은 반이 빈 거니, 반이 찬 거니?"
"난 컵이 있다는 것만으로도 너무 좋은데."

두더지의 물음에 소년이 답했다. 이거다! 내 삶이 있다는 것, 나에게 아직 가보고 싶은 들판이 있다는 것만으로 충분하다. 내 삶에서 만나게 될 두더지, 여우, 말, 소년과 함께 길을 가면 되는 것이다. 그러다 먹구름이 몰려오면? 그래도 계속 가면 된다. 때로 감당할 수 없는 큰 문제가 닥쳐올 수도 있다. 그러면 '바로 눈앞에 있는 사랑하는 것에 집중할 것이다.' 언젠가 폭풍우는 지나갈 테고 가야할 길도 많겠지만 뒤돌아보면 내가 얼마나 많이 왔는지도 알게 될 것이기 때문이다. 그리고 내 삶에서 만난 소년, 두더지, 여우, 말을 사랑할 것이다.

조윤정 이천양정여중 전문상담교사

55 쉰다섯 살

긍정의 눈으로
인생 전체를 해석하게 되다

윌리엄 스타이그의 모든 작품을 좋아한다. 그는 우리가 흔히 놓칠 수 있는 일상에서 사람의 생애 전체를 관통하는 지혜와 깨달음을 준다. 위트가 넘치면서도 인생의 본질을 깊숙이 파고들어 질문을 던지고, 어렵게 이야기하지 않으면서도 계속 곱씹게 한다. 그중에서도 **『용감한 아이린』**(비룡소)은 내 삶을 의미 있게 바라보고 통찰하게 해 준 책이다. 그래서 나의 인생 그림책이 되었다.

아이린은 아픈 엄마를 대신하여 공작부인에게 드레스를 전달하러 집을 나선다. 작은 꼬마가 엄마의 약속을 지키기 위해 눈을 좋아한다고 말한다. 진짜 속마음이었을까? 아무리 눈을 좋아한다고 해도 눈보라를 헤치며 갈 수 있는 용기는 어디에서 났을까? 엄마의 약속을 지키기 위해서? 엄마의 마음을 안심시키기 위해서? 아무리 중요한 약속이라 할지라도 나라면 못했을 것 같다. 그것도 자기 키만큼 큰 드레스 상자를 안고? 아무 장비도 없이?

어쩌면 아무것도 모른 채 결혼을 하고 엄청난 책임을 동반하는 아이를 낳고 키우고 더 나아가 하나의 업(業)을 선택하여 살아가는 우리 인생이, 무모하게 인생길을 나서는 아이린의 모습은 아닌지 생각하게 된다. 대의를 위해 내 모든 걸 바치겠다는 각오를 한 건 아니지만, 나 또한 그랬다. 어려서 '이 직업만큼은 안 할 거야!'라고 다짐했던 직업 1호가 교사였다. 어쩔 수 없이 교직에 발을 들인 순간 운명이라면 받아들여야지' 하면서도 날마다 부딪혀야 하는 현실의 눈보라 속에서 하루에도 열두 번은 사직서를 던지고 싶은 마음을 다잡았다.

　나만큼이나 자존감 없고, 학교 공부 하나 못한다는 이유로 자기를 사랑하지 못하는 우리 아이들의 삶이 도장처럼 내 가슴에 박히던 날, 나는 그야말로 대단한 결심을 했다. 빈 드레스 상자를 들고 가 보기로 한 것이다. '이왕 할 거면 열심히, 최선을 다해서 나와의 약속을 지켜 보자. 좋은 대학 못 간다고, 학교 공부를 못한다고 모든 꿈을 포기하게 만드는 이 이상한 나라의 공교육을 바꿔 보기 위해 이 작은 한몸 바쳐 볼까?'라는 생뚱맞고도 헛된 망상을 했었던 것 같다.

　아이린은 공작부인의 집으로 가는 동안 엄청난 눈보라와 바람을 맞는다. 그러면서도 포기하지 않는다. 심지어 엄마가 정성 들여 만든 예쁜 드레스가 상자째 눈보라에 날아가 버린다. 눈구덩이 속에 빠져 헤어 나오지 못한다. 너무 힘들어 얼어 죽을 지경에 이른다. 눈에 파묻혀 죽을 수도 있는 그 순간, 아이린은 엄마를 생각한다. 아이린은 다시 힘을 내어 팔다리를 휘저으며 눈구덩이에서 빠져 나온다. 가다 보니 바람에 휩쓸려 갔던 빈 드레스 상자가 눈에 띈다. 상자를 썰매처럼 타고 올라 눈보라를 헤치며 산길을 내려간다. 가끔 인생길에 운

좋게 쉬어 가는 때, 썰매를 타고 눈길을 내려갈 수 있는 행운을 만날 때도 있다. 내 의지와 힘이 아니라 중력에 의해 내려갈 수 있는 시간이 있다. 마침내 아이린은 공작부인의 집에 다다른다.

그런데 웬일인가? 공작부인의 집 앞 나무 기둥에 엄마가 만든 아름다운 드레스가 떡하니 매달려 있다. 전혀 기대하지 않았던 보상이자 특별한 선물을 발견한다. 포기했을 때 주어지는 뜻밖의 선물, 내게도 그런 순간이 있었다.

교실 토론 수업, 내게는 전쟁터와 같은 치열한 삶의 현장이었다. 공부에 전혀 뜻이 없는, 학교를 다니고 싶어하지 않는 아이들과 수업을 해 보겠다고 10년 넘게 별의별 토의토론 방법을 수업에 도입하고 울고 웃으며 포기하지 않고 해 오고 있었다. 4~5년마다 학교로 옮기며 근무하고 있던 내게 이전 학교에서 가르쳤던 제자가 손 편지를 보내 주었다. 감동이었다. 담임도 아닌 교과교사를 기억해 주고 굳이 찾아서 학교로 손 편지를 보내 준 것이다. 점점 지쳐가는 내게 그 편지는 힘들어도 그만두지 말라는 시그널이었다. 토론 수업을 확산시키고자 여러 학교 연수를 다니며 수업을 나눌 때가 있었다. 몇 년이 지난 후 얼굴도 성함도 모르는 선생님에게 "덕분에 제 수업이 바뀌었어요. 감사합니다."라는 메시지를 받은 적도 있다. 힘에 부치던 아이들과 교실에서 토론하며 삶을 나누게 된 이야기를 여러 선생님들이 마음에 담고 공감해 준 것이다. 학교 살이가 힘들 때마다 이들의 소소한 격려와 응원은 그 자체로 나에게 큰 선물이었다. 그때 깨달았다. '나만 힘든 게 아니구나. 모두 힘들게 살고 있구나. 우린 모두 상처받고 웅크린 아이들을 데리고 전사처럼 지내는구나!' 그 깨달음이 내겐 눈보라 속에서 우연히 발견한 아이린의 드레스 상자였다.

오십 대 중반이 되고 보니 그림책을 보면 지나온 삶을 돌아보고 해석하게 된다. 억울하고 후회스럽고 모멸감을 느끼며 고통스러웠던 순간도, 기쁘고 설레고 보람된 순간도 떠오른다. 우연히 만나 한바탕 눈물을 쏟아 내게 만든 **『용감한 아이린』**은 내 삶이 그대로 녹아 있는 듯한 운명의 책이다. 이 한 권은 산다는 것이 참으로 고단했던 내 생을 따뜻한 눈물로 씻겨 주고, 삶 전체를 통찰하게 해 주었다. 그리고 다시 교단에 서서 아이들을 만날 수 있도록 용기를 주었다.

권현숙 의정부 송양고 사회교사

57 쉰일곱 살

은퇴, 대교약졸의 꿈을 일깨운 책

코로나가 창궐하던 2021년, 33년 동안 다니던 학교를 도망치듯 그만두었다. 교직에 있는 동안 독서교육에 뜻을 두고 학교도서관 운영이나 수업에서 아이들이 책을 읽고 삶의 기쁨과 깨달음을 얻길 바라며 살아왔지만, 막상 퇴직하고 나니 학교나 학생들은 전혀 눈에 들어오지 않았다. 재미있게 읽던 청소년 도서들도 읽히지 않았다. 당면한 과제는 '앞으로 무엇을 하며 어떻게 살 것인가'에 대한 답을 찾는 것이었다. 그러나 퇴직과 함께 찾아온 지독한 어깨 통증으로 어떤 일을 시작할 엄두도 의욕도 나지 않던 차였다.

민화 일일 강좌는 아는 분에게 거의 끌려가다시피 가게 되었다.

세 시간 동안 작은 소품 하나를 완성했는데 그럴듯했다. 어깨가 아파 붓을 잡은 손이 많이 떨리긴 했지만, 그 이후로 2주에 한 번씩 수업을 받았다. 시간이 지나면서 건강도 조금씩 회복되고 민화에 재미를 붙이기 시작했고, 가까운 도서관에 가서 민화에 관한 책들을 찾아보게 되었다. 그때 만난 책이 『**민화는 민화다**』(정병모, 다할미디어)이다.

제목의 의미는 민화에는 사람들이 살아가는 이야기(民話)가 담겨 있고 삶의 진실이 깃들어 있다는 것이다. 민화에는 그 시대를 살았던 사람들의 소망과 꿈이 담겨 있다. 책은 구색일 뿐, 도자기, 문방구, 중국식 가구 등 온갖 진귀한 물건이 주인공인 〈책가도〉에는 중국과 서양 문물에 대한 열망이 담겨 있고, 왕의 권력을 상징하는 봉황을 닭보다 볼품없게 그린 〈낙도〉에는 권력에 대한 백성들의 소심한 복수가 담겨 있다. 하지만 민화는 뭐니 뭐니 해도 길상화이다. 민화 가운데 가장 큰 비중을 차지하고 가장 사랑받는 모티프인 꽃, 그 꽃 중의 왕이라는 모란은 부귀의 상징이다. 한자와 발음이 비슷하다 하여 쏘가리는 출세, 나비는 장수와 부, 박쥐는 복, 고양이는 장수를 상징한다. 이런 그림 속에는 어려움 속에서도 웃음을 잃지 않는 민중의 삶처럼 밝고 유쾌한 이야기, 행복과 평안을 바라는 마음이 담겨 있다.

곱고 아름다운 색채의 화려하고 장식적인 그림들 가운데 유독 눈에 띄는 그림들이 있었다. 거의 개인 소장이라 이 책이 아니면 접하기 힘든 그림들. 깊이감이라고는 전혀 없는 평면적인 구성, 구불구불하게 뒤엉킨 선, 내키는 데만 색을 칠한 듯한 〈범 탄 신선〉, 그림 속 대상이 뭔지 알아보기 힘들 만큼 대충 그려 옆에 '봉이라' '꽹이라'라고 이름까지 써 놓은 〈화조도〉, 유비, 관우, 장비가 우스꽝스러운 얼굴로 귀여운 말을 타고 싸우는 〈고사인물도〉 등은 마치 어린아이가 대충 그린 것 같은 그림이다. 저자는 이 그림들이 얼핏 보면 못 그린 그림 같지만, 오히려 현대적인 미감과 가장 한국적이고 자연스러운 매력을 갖고 있다고 평한다. 천진난만하고 명랑한 이런 그림들은 보기만 해도 웃음이 절로 났다.

처음 민화를 시작할 때 천연물감을 일일이 아교에 개어 만들어

내는 색이 곱고 아름다워 수업에 참여하는 것만으로 심리적으로 위안을 받았지만 세밀하고 정교한 표현은 무척 어려웠다. 뭐든 대충대충 하는 게 몸에 배어 있어 꼼꼼하게 색칠하는 것이 성격에 맞지 않았다. 노안 때문에 잘 보이지 않아 나비의 작은 무늬를 솜씨 있게 그려 내지 못해 민화는 나에게 맞지 않는 건가, 좌절했다. 또 옛날 그림을 그대로 본떠 따라 그리기만 하는 것이 무슨 의미가 있을까 회의가 들기도 했다. 그런데 책에서 소박한 민화들을 접한 이후로 그런 그림을 그려 보고 싶다는 생각이 들었다. 책에 있는 그림을 따라 그려 보려고 시도를 했지만 실패했다. '가장 큰 기교는 서툰 것처럼 보인다(大巧若拙)'는 노자의 말처럼 그런 거칠고 순수한 매력은 쉽게 따라 할 수 있는 것이 아니다. 가장 서툴고 소박한 그림을 그리기 위해서는 무엇을 어떻게 해야 할까? 민화는 나에게 더 이상 단순한 취미가 아닌 탐구의 대상이 되었다. 민화의 기법을 배우고 익혀 그림 솜씨가 나아진다고 해서 되는 건 아닌 것 같다. 피카소는 어린아이처럼 그리기 위해 평생을 바쳤다는데 남은 생이라도 바쳐야 하나? 벌써 노년이 가까워진 아줌마에겐 너무 야무진 꿈일까?

박혜경 자유기고가

● **함께 읽으면 좋을 책**

『**알고 보면 반할 민화**』 윤열수, 태학사
민화의 특성을 갖춘 작품들을 망라하고 그림을 주제별 21가지로 분류해 민화의 범주를 가늠하게 했다.

『**그림소담**』 탁현규, 디자인하우스
간송미술관이 소장하고 있는 주옥과 같은 조선 회화를 그림 속에 담긴 이야기로 풀어낸다.

『**김홍도 새로움**』 정병모, 다홀미디어
김홍도의 생애를 따라가며 새로운 표현과 생각으로 조선 회화의 패러다임을 바꾼 그의 작품을 소개한다.

60대~

61 다른 사람의 추억을 정리하기는 힘들지만, 내 추억을 정리하기는 그보다 쉬우니까. 내 추억은 내가 정리해야 한다.

65 노년은 몇 마디만 던져도 그 의미를 스스로 알아챌 풍부한 경험이 있는 데다 혹여 바로 알지 못하더라도 천천히 행과 행 사이를 산책할 시간적 여유를 갖고 있기 때문이다.

70 근육은 정직하다. 일상생활에서 내가 쓰는 방향으로 발달한다.

72 내 마지막 순간을 위해 찾아와 준 사람들에게 줄 책이라니 설레기 시작했다.

83 누군가에게 책을 읽어 줄 때, 우리는 막연한 '누구나'가 아니라 '누군가'를 생각하고 살피며 소리를 낸다.

87 아들과 서점 그림책 여행 계속할 수 있도록 해요.

100 제 삶을 당당히 가꾸며 사는 여성으로 우뚝 서서 자기 삶으로 초대하는 듯하다.

61 예순한 살

삶의 기억을 정리하는 시작점인 나이

1982년, 국문학과에 입학한 내게, 박경리의 장편 『**토지**』(다산책방)는 숙제 같은 작품이었다. 바야흐로 인문학도라 하면, 러시아 소설 『**고요한 돈강**』(미하일 숄로호프, 동서문화사)과 같은 몇몇 장편쯤은 단숨에 읽어 내고 자신의 의견을 피력할 수 있어야 한다는 분위기였다. 이야기를 따라가기도 힘겨웠던 나는, 『토지』에 나오는 인물을 관계도로 그려 책갈피로 썼다. 시간이 흐르고 1부에 이어 2부가 완결되고, 인물 관계도는 책갈피로 쓸 수 없을 만큼 두꺼워졌다. 박경리는 내게 '태산 같은' 존재가 아니라, '산맥 같은' 느낌이었다. 그냥 산 밑에 기거하는 화전민 느낌으로 그의 책을 사 모았던 것 같다. 그리고 유고 시집이 나왔다….

'버리고 갈 것만 남아서 참 홀가분하다'라는 제목이 강렬했다. 선생은 이미 버릴 수 없는 것이 많을 텐데 싶었다. 어떤 내용으로 이런 시를 쓰셨나, 그 구절이 있는 시를 찾았다. 고백하자면, 그때 나는 제목의 구절이 있는 시를 찾지 못했다. 책장에 꽂힌 시집을 일 년에 한 번쯤 꺼내 보며 그 시구를 찾곤 했지만 찾지 못했다. 그냥 평소 선생이 하신 말씀이신가 보다 했다.

그러다 2부 '어머니'에 실린 시를 꼼꼼히 읽었다. 2015년쯤인 것 같다. 당시 나의 어머니는 80을 훌쩍 넘기고 아주 약한 인지 장애가 시작되셨는데, 생전 안 하시던 본인의 어린 시절 이야기를 들려주셨다. 남자 형제들은 다 서울로 유학 보내는데 여자들은 학교를 안 보내셨던 외할아버지 이야기, 6.25로 모든 재산을 버리고 고향을 떠난 이야기 등등 어머니가 마지막까지 포기할 수 없으셨던 것은 자신이 조금 더 배웠더라면 다른 삶을 살 수 있지 않았을까였던 것 같다. 그 이야기의 마무리는 '많이 배운 너는 왜 아직도 무엇이 되지 않았니'라는 50 넘은 딸에 대한 지청구였으니, 진지하게 눈 맞추고 이야기를 나누어 주지 못했다. 집으로 돌아와 선생의 「어머니의 사는 법」이라는 20쪽이 넘는 긴긴 시를 읽으며, 객관적으로 어머니와 마주하지 못하는 나를 자책했었다.

2019년에 어머니가 집안에서 넘어지면서 팔이 골절되고, 아주 경미한 뇌출혈이 있었다. 의식이 멀쩡했어서, 골절 수술만 받으면 곧 퇴원할 것 같았지만, 의사는 뇌출혈의 예후가 좋지 않을 거라고 했다. 5개월의 대학병원 생활 후 요양병원으로 가실 때에도, 조금 더 회복되면 집으로 오실 수 있을 것 같았다. 어머니의 집과 짐 정리는 오롯이 나의 몫이었다. 거의 모든 물건에 추억을 묻어 두셨고, 그걸 늘 들었던 딸 입장에서 어머니 짐 정리는 고통이었다. 매년 담그던 된장 고추장, 김장. 그 행위를 위한 살림들, 아버지와 여행 갔을 때 입은 옷, 오빠가 첫 월급 탔을 때 사 준 가방, 추억 가득한 하지만 나는 누군지 모르는 사진들, 당장 꺼내서 쓸 만한 자리에 놓인 비닐봉지들… 몇 달 동안, 판단하고 선택하고 나누고 버리고가 계속되는 의례 속에서 살았다. 어머니의 집 정리가 끝나면 우리 집을 정리했다. 다른 사람의 추억을 정리하기는 힘들지만, 내 추억을 정리하기는 그보다 쉬우니까, 내 추억은 내가 정리해야 한다. 그런 시간 시간마다 주문처럼 되뇌었다. '버리고 갈 것만 남아서 참 홀가분하다.' 버리고 갈 것만 남겨야 홀가분할 수 있다…. 몇 달 동안 이 문장이 나를 버틸 수 있게 해주었다.

2024년, 어머니는 요양병원에서 의식 없이 90을 훌쩍 넘기셨고, 나는 환갑을 지났으며, 이 시집을 가지고 있은 지 15년 만에 나는 제목의 문장이 들어 있는 시를 찾았다. 아직도 이 시집을 한 번에 읽을 수가 없다. 무뚝뚝하고 당연해서 가까워질 수도 멀어질 수도 없다. 하지만 20대에 느낀 산맥 같은 박경리는 아니다. 그 산속을 헤매다 어느 집 마당에 들어선 것 같다.

빈 창고같이 휑덩그레한 큰 집에

밤이 오면 소쩍새와 쑥꾹새가 울었고

연못의 맹꽁이는 목이 터져라 소리 지르던

이른 봄

그 집에서 나는 혼자 살았다

-「옛날의 그 집」중

마당에 햇볕은 가득하지만, 낙엽 지고 바람 불고 주인은 문 열어 보지 않는 집, 잠깐 앉았다 가기엔 평온하나 아직 말 붙일 수 없는 집 같다. 내년에 후년에 그 내년에 꺼내 보면, 무뚝뚝한 문이 살짝이라도 열릴라나.

아아 편안하다 늙어서 이리 편안한 것을

버리고 갈 것만 남아서 참 홀가분하다

-「옛날의 그 집」중

진심으로 이렇게 이야기하며 그 문 여는 날이 올라나.

김혜원 어린이책 전문가

65 예순다섯 살

그림책과 나, 그리고 노년

'삶에 가장 큰 영향을 끼친 책'이 무엇이냐는 질문을 받고 한참을 생각했다. 어렸을 때부터 잡식성 독서를 해 온 나로서는 어느 한 책을 고르기가 무척 어렵기 때문이다. '읽은 책이 그 사람이다'라는 말이 모든 사람에게 적용되진 않겠지만, 내게는 맞는 말이다. 어린 시절 책을 통해 만나게 된 슈바이처, 페스탈로치, 퇴계와 율곡, 윤동주와 한용운, 치섬 신부님과 갈매기 조나단, 데미안과 싱클레어는 10대 성장기, 성근 나의 뼈를 조밀하고 탄탄하게 만들어 주었다. 또한 하이디와 소공녀, 작은 아씨들, 빨강 머리 앤, 제인 에어는 유소년·청년기 내 여린 감성과 상상력에 따뜻한 불을 지피곤 했다.

교사가 된 이후 만나게 된 감동적인 교육서와 사회과학책 그리고 40대와 50대에 푹 빠져 읽은 철학과 예술 관련 책…. 어느 것 하나 내게 영향을 끼치지 않은 게 없다. 나는 읽은 책들을 통해 좁은 내 울타리를 넘어서고 흔들리려는 내 세계관과 가치관의 중심을 바로잡을 수 있었다.

그림책은 뒤늦게 만나게 된 책이다. 내 어린 시절엔 딱히 '그림책'이라고 할 만한 게 없었고, 우리 아이들이 어렸을 때 그림책은 '어린이 그림책'이 주를 이뤘기에 나 자신이 빠져들긴 어려웠다. 그러나 내가 읽은 그토록 많은 책 중에서 딱 한 장면 혹은 딱 한 권의 책을 고르라면… 희한하게도, 그건 그림책이다.

세세한 것까진 기억나지 않지만, 초등학교 때 교과서에서 만난 **『저만 알던 거인』**(오스카 와일드, 분도출판사)의 두 장면이 떠오른다. 하나는 아이들이 거인의 집 담 한쪽에 뚫린 구멍을 통해 거인의 정원을 들여다보는 장면이고, 또 하나는 무섭고 괴팍스럽기만 한 거인이 제일 작은 아이를 안아 나뭇가지에 앉히자 붉은 꽃들이 활짝 피어나는 장면이다. 교과서를 읽는 동안 심장이 쿵쿵대던 기억이 생생하다. 50년이 훌쩍 지난 지금까지도 그 이미지와 글이 준 감동이 사그라지지 않는다. 교과서에 실린 『저만 알던 거인』을 그림책이라고 할 수는 없겠지만, 글과 그림이 어우러져 빚어내는 심미적 감동을 이처럼 강렬하게 체험한 적이 없기에, 내게는 어린 시절의 이 작품이야말로 최초의 그림책이랄 수 있다.

반면, 트리나 폴러스의 『꽃들에게 희망을』(시공주니어)은 나를 독서운동가로 살게 하는 중추이다. 고등학생 때 처음 만난 이후 줄곧 내 삶에 지대한 영향을 미치고 있다. 이 책을 통해 목격한 수많은 애벌레 기둥은 충격이었다. 그리고 깨달을 수 있었다. 내가 왜 그토록 학교생활을 힘들어하는지, 어째서 그토록 경쟁을 부추기는 어른들과 이 사회가 괴로웠는지…. 무의미했기 때문이다. 오로지 위로 올라가겠다는 일념 하나로 친구를 짓밟고 옆도 뒤도 돌아보지 않은 채 위로만 올라가려는 애벌레들. 그 끝에 무엇이 있는지 알아채게 된 것이다. 참으로 충격이었다. 그러한 깨달음도, 그러한 깨달음을 단박에 깨우쳐 준 글과 그림도! 나는 애벌레가 아닌 나비를 꿈꾸기 시작했다. 나만 나비로 살 게 아니라 많은 이들을 나비로 살 수 있게 도와야겠다고 생각했다. 나비들이 많으면 많을수록 세상은 꽃향기 가득해지리라는 것을 깨달았으니….

책의 힘은 이처럼 막강하다. 특히 짧은 글에 감각적인 이미지가 보태어진 그림책은 우리 마음에 큰 위로와 감동을 줄 뿐 아니라, 어떤 책은 벼락같은 깨달음으로 행동할 용기를 주기도 한다. 어느덧 나는 노년에 이르렀다. 이제 더욱 그림책을 가까이 두고 싶다. 노년의 신체가 긴 글을 읽어 내기에 무리가 있어서이기도 하지만, 노년은 몇 마디만 던져도 그 의미를 스스로 알아챌 풍부한 경험이 있는 데다 혹여 바로 알지 못하더라도 천천히 행과 행 사이를 산책할 시간적 여유를 갖고 있기 때문이다. 주저리주저리 길게 말하는 책보다 짧은 글이 훨씬 좋다. 더구나 보는 것만으로도 황홀한 그림까지 있잖은가! 노년에게 이보다 더 적합한 책은 없다. 나는 이런 그림책을 개인적으로 즐길 뿐 아니라 많은 시니어와 함께 읽고 싶다. 책모임을 통해, 또 강의와 저술 활동을 통해, 더 많은 노년 세대가 그림책으로 위로와 행복감을 얻도록 돕고 싶다.

백화현 작가·독서운동가

70 일흔 살

엄마에게
새로운 도전을

엄마는 69세에 공공도서관에서 교육을 받고 어린이집과 사회복지관에서 이야기 할머니로 활동 중이다. 최애 책은 『**사과가 쿵!**』(다다 히로시, 보림)이다. 『**깜짝깜짝 팝업북: 공룡책을 절대 열지 마!**』(샘 태플린, 어스본코리아)를 읽어 줄 때는 든든한 조력자인 아빠가 달력 뒷면에 그려 준 공룡을 나눠 줘서 아이들에게 아주 인기가 많았다고 한다. 기도 반 게네흐텐의 『**꼭꼭 숨어라**』(한울림어린이), 『**우리 엄마 어디 있어요?**』(한울림어린이)를 읽어 준 날에는 어린이집 원장님에게 책이 너무 좋다는 칭찬을 들었다며 함박웃음을 짓기도 했다.

　엄마가 공공도서관에 신청서를 쓸 때 처음 자기소개서를 써 본다며 아빠에게 교정을 부탁하고 지원 후 결과를 기다리는 중이라며 수줍게 말하던 때가 벌써 1년 전이다. 누군가 수당이 적어서, 집에서 멀어서, 연령층이 다양해 교육을 하기 힘들어서 거절한 곳에서 의뢰가 들어오면 엄마는 적극적으로 강의를 나간다. 직장생활을 한 번도 해보지 않았고 스스로 배움이 짧다는 열등감이 있음에도 특유의 도전 정신으로 즐겁게 일하고 있다. 강의료를 이렇게나 많이 주느냐며 놀라는 귀여움은 덤이다. 『야쿠바와 사자』(티에르 드되, 길벗어린이)는 엄마에게 새로운 도전이 될 책이다. 유치부에서 초등 저학년까지였던 엄마의 교육 대상이 고학년까지 올라갈 수 있어서 보낸 책이기 때문이다. 이 책은 다소 어둡고 선이 굵은 그림체로 용기와 신뢰를 철학적으로 그리고 있다. 고학년 남자 아이들에게 더 흥미로울 이 책을 엄마가 어떻게 풀어 나갈지 궁금하다.

나는 엄마의 도전 정신을 물려받았다. 35세에 탱고를 시작했고 오래 쉬었다. 하지만 나의 탱고는 여전히 진행형이었기에 조금 더 잘하고 싶어서 43세에 발레를 시작했고, 3년째 하는 중이다. 매일 수업 시작 전 최소 30분, 많게는 1~2시간 전에 몸을 풀고 연습하는 데에 비해 실력이 늘지 않는다. 하지만 나는 더 잘하고 싶다. 근육은 정직하다. 일상생활에서 내가 쓰는 방향으로 발달한다. 학교에서의 긴장, 엄마와 아내로 사는 책임과 의무는 내 근육에 긴장과 수축을 가져왔다. 반신욕으로 근육의 긴장을 풀고 혈자리 관리로 짧은 장 요근을 늘리는 중이다. 그리고 7~8년을 쉬었던 탱고를 다시 시작했다. 탱고를 추는 동안 매 순간 몸 대면을 한다.

몸과 마음은 밀접하게 연결되어 있다. 마음의 평화를 위해 부부 코칭을 받고 감정코칭 과정 중에 있다. 감정코칭을 통해 초감정과 부모님의 양육 방식이 현재의 내 삶에 미치는 영향을 알아차리는 중이다. 아빠에게서 받은 사랑과 긍정, 엄마에게 물려받은 도전정신처럼 긍정적인 감정도 있지만 억압과 회피처럼 피하고 싶은 부정적 감정도 있다. 하지만 엄마가 60이 넘어서 자신의 어릴 적 감정과 대면하며 용기를 내어 외할머니와 대화를 나누는 장면을 보아 왔기에 나의 정신적 성장 역시 여전히 진행형이다. 십여 년 전 탱고를 시작하고 10개월이 지난 시점에 스스로 자축하며 쓴 글을 다시 꺼내 읽으며 현재와 미래의 나를 있게 한 미토콘드리아를 준 엄마에게 감사 인사를 전한다. 누구나의 성장을 기원하며 나의 70살을 기대한다.

탱고, 나를 말하다 (2015.03.15.)

탱고를 시작하고 내 안에 무언가 표현하고자 하는 욕구가 있다는 것을 발견하여 기뻤다. 나는 나 자신을 알아가는 것에 큰 기쁨을 느낀다. 표현 방법은 글이나 말, 춤, 음악, 그림 등이 있겠다. 나에게 가장 익숙한 방법은 말과 글이다. 자제심을 갖고 노력하고 있음에도 불구하고 계속 글을 쓰고 있다. 자제하기 위해 내가 택한 방법은 탱고 일기를 쓰기 시작한 것이다. 일기를 쓰니 스스로에게 보다 솔직해지고, 게시판도 덜 도배하게 되어 좋았다. 하지만 표현 욕구의 또 한쪽 면인 다른 사람에게 나를 보여 주고 싶은 욕구는 해소되지 않았다.

화이님 말씀처럼 나를 표현하기 위해서는 노력이 필요하다. 그 지난한 과정도 하나의 기쁨이라는 것을 알게 되었다. 고개 각도와 높이, 어깨높이와 너비, 팔과 손목의 각도, 허리 비틀기, 골반의 움직임, 허벅지와 무릎, 양 발목이 꺾인 각도의 차이, 발가락과 발바닥 어느 것 하나 버릴 것 없이 나를 표현하는 도구가 된다. 내 몸은 지금껏 내가 살아온 흔적을 담고 있다. 그 흔적들을 하나하나 어루만지고 인정하며 새로운 것을 담아내기란 물론 쉽지 않다. 나를 단련하는 것과 상대의 소리에 귀 기울이는 것은 어떤 면에서 같은 것이기도 하다. 이러한 것은 모두 나를 위한, 우리를 위한 과정이다.

어쩌다 우리는 탱고 안에서 만나게 되었을까. 탱고 안에서 만나게 된 인연 하나하나가 참 소중하다. 김광섭 시인의 「저녁에」라는 시를 읽고 수화 김환기가 〈어디서 무엇이 되어 다시 만나랴〉를 그렸다고 한다. 전에는 "이렇게 정다운 너 하나 나 하나는 어디서 무엇이 되어 다시 만나랴"를 단순히 멀리 떨어진, 혹은 불교에서 말하는 환생의 개념으로 받아들였다. 그런데 요즘 탱고에서 내가 조금씩 달라지고 상대도 조금씩 달라지고 함께 추는 춤이 달라지는 것을 경험하면서 매일매일 혹은 순간순간 새롭게 서로 만나는 것은 아닐까 생각한다. 간혹 춤으로 나를, 혹은 누군가를 판단하려는 사람을 만나도 굳이 설명할 필요가 없다. 그건 그 사람의 그 순간의 몫일 테니. 매일 내가 달라지고 있고, 상대방 역시 달라지고 있으니 춤에서 혹은 인간적으로 부족한 점이 있더라도 서로에게 좀 더 관대해지고 싶다. 우리는 모두 삶 또는 탱고의 과정 속에 있는 사람이니까.

박하비 양산 범어중 사서교사

72 일흔두 살

내가 준비하는
마지막 선물

엄마 100살까지 살아. 그러면 내가 72살까지만 살 테니 같이 죽자.

아주 오래 전부터 내가 엄마한테 하던 말이다. 죽는 것은 두렵지 않은데 슬픈 것을 무서워하던 때가 있었다. 형제 없이 빈집에서 엄마를 기다리던, 유난히 눈이 커서 겁이 많던 아이는 두 딸에게 "엄마 몇 시에 와?"라는 카톡을 자주 받는 바쁜 엄마가 되었다.

    일 년 전, 생의 마지막을 좀 더 구체적으로 생각하게 된 날이 있었다. 검사를 받으러 혼자 들어간 입원실에서 약물 부작용이 생겨 밤새 많이 아팠다. 흔히 비교하는 애 낳는 것보다 더 힘들었다. 애 낳는 것은 끝이 있지만, 이 아픔은 끝나지 않을 수도 있다는 것을 생각하니 더 무서웠다. 밤새 한숨도 못 자고 아팠다. 습관처럼 챙긴 책을 한 페이지도 펼칠 수 없을 정도였다.

내가 있던 6인실 병동에는 나를 제외하고는 죽음이 멀지 않은 뇌질환 관련 70대 노인 분들이 계셨다. 병실에는 계속 큰 소리로 자신의 엄마에게 잔소리를 하는 50대로 보이는 보호자와 그와 대조적으로 핸드폰 사진을 보여 주고 조용조용히 말을 거는 보호자의 목소리가 번갈아 들렸다. 간간히 들려오는 그들의 대화를 듣다가 『죽은 자의 집 청소』(김완, 김영사)와 『떠난 후에 남겨진 것들』(김새별·전애원, 청림출판)이 불현듯 생각났다. 죽음이라는 것이 막연했었다. 그냥 '죽으면 되지'라고 생각하고 삶을 살았다. 그래서 무서운 것이 없었던 것 같다. 생각해 보니 내게도 정리할 것들이 많았다. 특히 욕심처럼 쌓아 놓은 내 책들이 생각났다. 이사를 할 때마다 많이 버렸지만, 이제까지 가지고 다닌 이유가 있는 책들이었으리라. 그런데 그 책들이 몇 천 권이나 되었다. 그 책들을 어떻게 정리할지 열심히 고민했지만 통증에 뇌도 멈춰 버린 것 같았다.

시간은 정말 천천히 갔다. 아무 소리도 들리지 않은 새벽, 혼자 앓고 있는데 갑자기 큰 소리가 들렸다.

"엄마, 아직 가면 안 돼. 숨 쉬어. 엄마 제발!"

통증이 갑자기 멈추는 것 같았다. 절규에 가까운 그 목소리만 듣고 누구인지 알지 못했다. 잠깐 멈춘 통증은 다시 시작되었고, 의료진들의 분주한 움직임이 느껴졌다. 잠시 후 간호사 한 분이 나를 찾았다. 이렇게 아프면 부르지 그랬냐며 진통제 주사를 놓아 주고 갔다. 끝날 것 같지 않던 통증은 잦아들었고 창밖이 희미하게 밝아오는 것을 보며 잠이 들었던 것 같다. 그렇게 나는 처음으로 죽음이라는 것을 가까이에서 만나게 되었다.

무사히 집으로 돌아와서 보니 우리 집 책장의 책들은 이미 넘쳐나는 상태였다. 미련 없이 다 버릴까 생각도 했었다. 그러다 내 장례식장에 와준 사람들에게 내가 좋아하던 책을 한 권씩 선물로 주면 좋겠다는 생각을 하게 되었다. 그렇게 선물할 수 있는 책들 제외하고 다 버리자!

책은 내가 선정하지만, 책을 나눠 줄 사람이 필요했다. 평소 나의 읽은 책 이야기를 잘 들어 주는 첫째 아이가 딱이었다. 첫째도 흔쾌히 그러겠다고 했다. 다행히 올해로 스무 살이 된 첫째는 나처럼 눈은 크지만, 겁이 많은 아이가 아니었다.

　거실을 가득 채우고 있는 책꽂이 앞에 섰다. 내 마지막 순간을 위해 찾아와 준 사람들에게 줄 책이라니 설레기 시작했다. 엄격한 기준이 생겼으니 한 권을 고르기가 쉽지 않았다. 일단, 책꽂이 한 칸을 비우고 남길 책을 골라 옮겨 놓기 시작했다. 내 삶의 교과서 같은 책들을 먼저 옮겨 놓았다. 어떤 프로그램을 기획하든 결국 편견이라는 주제로 모이다 보니 매번 도움을 받은 『**편견**』(고든 올포트, 교양인), 타인의 아픔도 잘 들여다보게 되고 다들 아프지 말고 행복하길 바라는 마음을 생기게 한 『**미래의 피해자들은 이겼다**』(김승섭, 난다), 두 딸에게 내가 좋은 엄마보다는 좋은 여자 동료가 되는 것을 고민하게 한 『**엄마는 페미니스트**』(치마만다 응고지 아디치에, 민음사) 그리고 내가 사랑한 작가 권정생, 하이타니 겐지로, 아스트리드 린드그렌의 책을 옮겼다. 그러고 보니 너무 지저분한 책들이 있어서 몇 권은 뺐다. 그러다 『**아침의 피아노**』(김진영, 한겨레출판)가 눈에 띄었다. 이 책도 빠질 수 없지. 그렇게 책을 뺐다가 꽂기를 반복하다 보니 밤이 너무 늦었다. 아무래도 조만간 죽지는 못할 것 같다.

고정원 구립 구산동도서관마을 사서

83 여든세 살

아버지의
목소리가 담긴
오디오북

83세의 아버지는 급성패혈증으로 의식을 잃고 쓰러져 앰뷸런스에 실려 갔다. 몇 주간의 병원살이 후, 기적처럼 몸과 뇌가 돌아왔다. 아버지는 천국을 가기에 점수가 좀 모자라 돌려보내진 것 같다며, 덤으로 얻은 시간을 선행 스펙 쌓기에 쓰겠다고 고백했다.

    선득, 우리가 언제고 이별할 수 있음을 실감했다. 어렴풋이, 그 시간이 아주 멀진 않다는 것도. 아버지가 거대한 침묵의 땅으로 돌아갈 때, 아버지의 무엇이 가장 그리울까? 나중의 내가 지금의 나에게 '조금이라도 남겨 놓지 그랬냐'고 타박할 그 무엇.

우리 큰딸, 잘 지내제? 괜찮나?

마이 바쁘제?

스물넷부터 나는 영국으로, 부모님은 귀촌으로 떨어져 살게 되면서 우린 주로 목소리로 만났다. 통화는 희한한 데가 있어서, 서로의 표정을 못 보기에 독백처럼 속마음을 한참 털어놓기 좋았다. 눈을 보며 말하긴 부끄러운 "사랑한다"는 말도 통화 끝에 툭 붙일 수 있었다. 아버지의 목소리를 붙잡아야겠다 생각했다. '어떻게 붙잡아 놓을까? 아버지에게 책을 읽어 달라 해야지. 나에게 들려주고 싶은 문장을 골라 녹음해서 보내 달라 해야지.' 책 읽기는 그 자체로도 인지능력의 노화를 늦추는 효과가 있고, 묵독에 비해 낭송은 뇌의 더 많은 부위를 활성화한다는 점도 염두에 둔 부탁이었다.

마침, 생텍쥐페리의 『어린 왕자』를 경상도 사투리로 번역한 『애린 왕자-갱상도』(최현애 옮김, 이팝)를 찾고 이거다 싶었다. 아버지가 서울 말씨의 책을 읽으면 도대체 아버지의 말 같지가 않은데, 이 책은 아버지의 말투를 그대로 담을 수 있을 것 같았다. 책을 읽으며 어색한 단어나 표현이 있으면, 아버지의 고향 말로 바꾸어 재번역하거나 해설해 달라고 했다. 개인의 추억을 넘어, 사라지는 지역 방언을 채록한 자료가 될 수 있겠단 생각도 들었다.

우리 방어진에선, '애린'이라 안 카고, '알라'라 카는데.
 나는 '알라 왕자'로 읽을란다.

아버지가 텔레그램으로 보낸 녹음 파일을 듣는다. 페이지를 넘기는 소리에 아버지의 두툼하고 따뜻한 손을 그려 본다. 곁에 있는 엄마의 "아이고, 그래", "맞다" 하는 추임새도 정겹다.

"잘 가그래이" 미구가 말해따.
"내 비밀은 이기다. 아주 간단테이. 맘으로 바야 잘 빈다카는 거.
중요한 기는 눈에 비지 않는다카이."

누군가에게 책을 읽어 줄 때, 우리는 막연한 '누구나'가 아니라 '누군가'를 생각하고 살피며 소리를 낸다. 누군가가 잘 이해할 수 있도록 애정을 담아 목소리의 톤과 호흡, 강세, 어조를 신경 쓴다. 아버지는 작가의 언어를 빌어 내게 말하고, 나도 들으며 아버지의 마음에 주파수를 맞춘다. 가능한 많이 모아 두고 싶다, 사랑하는 사람의 목소리를. 멀리 떨어져 있더라도, 훗날 침묵의 산이 영영 대답해 주지 않더라도, 돌아올 수 있는 메아리를.

김은하 책과교육연구소 대표

● **지방 방언으로 쓰여서 녹음하며 이야기할 게 많을 책**

『**에린 왕자 - 전라북도**』 앙투안 드 생텍쥐페리, 이팝
전라북도 방언으로 쓰인 『어린 왕자』

『**언나 왕자 - 강원도**』 앙투안 드 생텍쥐페리, 이팝
강원도 방언으로 쓰인 『어린 왕자』

『**그라시재라, 서남 전라도 서사시**』 조정, 이소노미아
서남 전라도 여성의 실화를 그린 전라도어 서사시, 노작문학상 수상작

87 여든일곱 살

아빠, 아빠가
책을 보시다니?

아빠에게

아빠가 좀 남다르다고 느꼈던 것은 제 또래의 50대 아빠들이 모여서 각자 겪은 아빠에 대해 이야기를 하는 시간에서였어요. 대부분 아빠에게 맞았던 이야기, 아빠가 집에 들어오면 얼음이 되었던 이야기를 하더라고요. 그래서 나도 덩달아 아빠에 대한 부정적인 이야기들을 했죠. 맨날 아침에 나가서 밤늦게까지 혼자 온도계 공장에서 일하셨던 아빠. 명색이 사장인데 어느 날부터인가 직원은 하나 둘 없어지고 모든 일을 혼자서 하게 된 아빠. 그 시대의 아빠들과 마찬가지로 다정한 대화를 나누지는 못했지만, 폭력적이지는 않았던 아빠. 아무리 돌이켜 보아도 엄마에게는 여러 가지로 맞은 것 같은데 아빠에게는 꿀밤 한 번 맞지 않았더라고요.

그런데 최근에 함께 택시에 타면서 평소에 하던 대로 아빠 어쩌고 하면서 이야기를 하니까 택시기사가 깜짝 놀라면서 부럽다고 했죠. 저와 비슷한 또래 같은데 어떻게 '아빠'라는 호칭을 쓸 수 있냐고 했죠. 택시기사의 부러움을 받고 나서 아빠가 그 시대적 상황과 맥락 속에선 남다른 아빠였다는 걸 비로소 인정한 것 같아요.

아빠의 이런 장점을 못 보고 아빠의 태극기부대 정치관, 점점 강해지는 고집들, 내가 싫어하는 특정 신문들만 구독하는 모습 등만 본 거 같아요. 아빠에 대한 큰 불만 중 하나가 동네 도서관을 잘 이용하시지 않는 것이죠. 제가 도서관에 모시고 갔던 날, 사용하지 않아도 되니까 제발 동네 도서관 회원증을 만들자고 해도 만들지 않으셨지요. 책을 읽어도, 읽는 순간 내용이 바로 머리에서 빠져나간다고 당당하게 말씀하시는 아빠에게 얼마나 화가 났던지. 그날 삐져서 그 시간 이후 아빠에게 아무 말도 안 하고 저의 집으로 일찍 갔던 것 아시나요?

　그 이후 집에 갔을 때, 혹시나 이런 책은 어떨까 하고 그림책 두 권을 가져갔지요. 그날 깜짝 놀랐어요. '아빠가 그래도 그림책은 보시네.' '하… 웃기도 하시다니!' 아빠는 『**결코 늦지 않았다**』(신현수, 백화만 발)의 주인공 청년 할아버지가 주책이라고 하셨죠. 그런데 혹시 이 책의 영향으로 노인복지관의 수채화반을 신청하고 수강하신 건 아닌가요? 아빠의 날로 늘어나는 그림 실력, 하나하나 쌓이는 그림들을 보면서 아빠의 개인전을 열어 드려야 하는 것 아닌가 싶었어요. 수채화반 활동을 소일거리로 시작하셨는데, 너무 열심히 하셔서 아빠가 병이 날까 봐 걱정이 되기도 해요. 그림 숙제가 뭐라고, 꼼짝하지 않고 몇 시간씩 앉아 계시냐고요. 아빠 무릎, 허리에 안 좋은 영향을 줄 수도 있으니, 대충 그리면 좋겠어요.

　그날 함께 본 『할머니의 정원』(백화현, 백화만발)을 다 읽고 나서는, 주인공 할머니가 돌아가신 엄마의 성격과 비슷하다고 하셨죠. 저도 공감했어요. 아빠가 책을 제대로 읽어 내시다니 놀랐어요. 심지어 주인공과 엄마까지 연결하면서 말이에요. 하여간 그날이 제가 최근 들어서 아빠에게 가장 감동한 날이었어요. 아빠가 가끔 제게 본인 인지능력이 많이 떨어진 것 같다고 하시는데 아닌 것 같아요. 책도 잘 이해하시면서 일부러 못 보는 척하는 건 아닌지요? 깨알 같은 글씨의 신문도 잘 보시고, 유튜브의 노래 가사 자막도 잘 보시면서 정작 책은 못 보겠다고 하시며 사서교사인 아들을 무안하게 만드는 아빠. 아들 체면 생각해서라도 다음에 도서관에 함께 갈 때는 회원증을 꼭 만들면 좋겠어요.

예전에 강릉 여행 갔었을 때, 그곳에 있는 말글터 서점과 고래책방에도 기꺼이 함께 가 주셨잖아요. 거기서도 그림책 훑어보시면서 재미있어 하셨고요. 그때 아빠 모습도 정말 감동이었어요. 자가용도 없는 아들과 기차 타고 함께 걸으면서 서점을 갈 수 있는 건강과 책을 볼 수 있는 시력을 갖고 계셔서 너무나 감사해요. 올해에도 내년에도 아들과 서점 그림책 여행 계속할 수 있도록 해요. 아빠, 아빠를 아빠라고 편하게 부를 수 있게 해 주셔서 감사해요.

아들 드림

이덕주 서울 송곡관광고 사서교사

100 백 살

아주 조용한 하루

어떤 할머니가 있다. 100세 정도 되었다고 치자. 다행스럽게도 아직 다른 이의 도움은 받지 않아도 된다. 이 할머니, 혼자서도 일상이 불편하지 않을 만큼 건강하다. 할머니가 보내는 하루를 따라 관찰해 본다. 춥지 않고 덥지도 않은 적당한 계절이다. 할머니는 새벽 다섯 시에 일어난다. 막 일어난 할머니는 풀어 넘긴 긴 머리에 원피스 잠옷 차림이다. 일어나자마자 머리를 올려 단정히 정리하고 말끔한 옷으로 갈아입는다. 아침을 차려 먹고 재빨리 설거지한다. 곧바로 챙이 큰 모자를 쓰고 몇 가지 간단한 물건들을 챙긴다. 낚시와 미끼, 점심으로 먹을 과일, 양동이 같은 걸로 보아 낚시를 하려는 모양이다. 물가로 간 할머니는 배를 타고 노를 저어 호수 한가운데서 낚시를 드리우고 온종일 시간을 보낸다. 호숫가의 배를 보관하는 노란 창고와 눈을 맞추며 물고기를 기다리는 중이다. 수확은 나쁘지 않다. 개복치, 크래피, 농어 등을 잡을 즈음 날이 저문다. 저녁이 되어 집에 도착하자마자 물고기를 씻는다. 버터를 발라 맛있게 구운 생선으로 갓 구운 롤빵, 따끈한 차 한 잔을 곁들여 아주 천천히 저녁 식사를 한다. 생선을 먹을 땐 가시를 잘 발라내야 하므로 식사 시간은 꽤 길어진다. 그러고는 역시 재빨리 설거지를 끝낸 다음 잠옷으로 갈아입고 잠자리에 든다. 다음 날 새벽 다섯 시에 일어나야 하니까.

『Fish for Supper』는 마릴린 브룩 고프스타인이 1976년에 만든 그림책이다. 한국어 번역 제목은 『**할머니의 저녁 식사**』(미디어창비)다. 책을 보면 할머니가 오직 저녁 식사만을 위해 살아가는 느낌은 아니다. 온전한 하루를 있는 그대로 보여 줄 뿐이다. 복잡한 살림살이도 없다. 당장 해결해야 할 사업적인 일도 없다. 하루 종일 하는 일은 호수 한가운데 앉아 조용히 명상하듯 물고기가 와 주길 기다리는 것이다. 그 소소하고 단출한 삶을 그리는 데 적당한 건 단 하나의 펜이다. 할머니의 움직임을 아주 간결하게 그렸다. 60년대 말 베트남전을 지나온 미국의 70년대는 정치와 전쟁을 혐오하고 개인적이며 대안적인 삶을 고민하던 시대였다. 환경 운동과 여성 운동이 본격 시작하는 때이기도 했다. 그런 문화와 정서가 이 책 한 권에 오롯이 담긴 셈이다. 출간 당시 표지에는 지금은 없는 그림이 쓰였다. 낚시 도구를 든 할머니가 누군가를 향해 손을 흔드는 장면이다. 제 삶을 당당히 가꾸며 사는 여성으로 우뚝 서서 자기 삶으로 초대하는 듯하다.

이 책을 처음 보았을 때, 나로서는 기대하기도 어렵고 닿을 수도 없을 것 같은 100세가 된다면 이 책 그대로 살아보는 것도 좋겠다고 생각했다. 나름 구상도 해 보았다. 우선 호숫가에 있는 집을 구해야 한다. 집이 없다면 지어야 하는데 지금으로 봐선 가능할지 모르겠다. 게다가 그 집에는 작은 배와 그 배를 넣어 둘 창고도 있어야 한다. 그런 시설을 지어도 되는지 관계 기관에 꼭 확인해 봐야 한다. 우리나라에 있는 모든 호수도 검색해 본다. 시간이 꽤 걸리겠다. 호숫가 가까이에 식당이나 숙박업소가 아닌 일반 주택을 지을 수 있는지 궁금해진다. 상업 시설이 너무 많은 호숫가는 혼잡하고 오염되어 물고기도 없을 것 같아 고민된다. 그 호수에 물고기가 살고 있는지 먹을 만한지도 알아봐야 한다. 민물고기를 먹고 탈 난 적이 있어서 민감한 사안이다. 호수 주변의 의료시설이 어떤지도 확인해 본다. 100세가 되면 아무리 건강하다 해도 언제 무슨 일이 일어날지 모르기 때문이다. 우리나라 지역 의료체계가 그때쯤엔 나아졌으리라고 기대해도 될까 싶다. 낚시도 배워야 할 텐데, 미끼를 만지고 바늘에 끼울 일도 걱정된다. 주방엔 오븐이 필요하다. 식사로 먹을 만한 롤빵을 구우려면 홈베이킹도 좀 배워야겠지. 베이킹 재료는 택배를 활용해 구하면 될 것이다. 미용실 가기도 힘들 텐데 머리를 길러야 한다니 거기부터 답답하다. 심한 곱슬머리가 길어지면 관리하기 힘들다는 걸 잘 알기 때문이다. 몸에 맞는 원피스 잠옷도 없을 거 같다. 예쁜 잠옷은 대개 날씬이들을 위해 만들어지므로 내게 맞는 사이즈가 100퍼센트 없을 거다. 내 몸에 맞춘 원피스 잠옷은 너무 할머니 옷 같아서 싫다. 옷 만드는 것도 배워야 하나 싶다. 티브이도 스마트폰도 버려야 하나? 드라마와 영화를 좋아하는 나로선 용납하기 힘들다. 마침내 그런 삶은 불가능하다는 생각이 점점 확신으로 치닫는다. 아차! 고민하느라 이 책 배경이 70년대란 걸 깜빡해 버렸다. 21세기 중반에 맞는 100세의 삶은 전혀 다른 양상이지 않을까? 생선구이와 롤빵 맛 캡슐로 저녁을 대신할지도 모르지만, 고프스타인의 할머니만큼은 아니어도 조금은 소박하게 살게 되길 바랄 뿐이다.

김혜진 그림책보다연구소 대표

책 찾아보기

『**감정의 문화정치**』 사라 아메드, 오월의봄 178

『**결코 늦지 않았다**』 신현수 글 · 오희령 그림, 백화만발 269

『**과학자가 되는 방법**』 남궁석, 이김 44

『**그곳은 따듯한가요**』 윤여준, 쥬쥬베북스 170

『**그림 형제 민담집**』 그림 형제, 현암사 207

『**긴긴밤**』 루리, 문학동네 150

『**꽃들에게 희망을**』 트리나 폴러스, 시공주니어 250

『**끌림**』 이병률, 달 110

『**나는 이 세상에 없는 계절이다**』 김경주, 문학과지성사 60

『**나의 어린 왕자**』 정여울, 크레타 211

『**나의 엄마**』 강경수, 그림책공작소 201

『**내일 또 내일 또 내일**』 개브리얼 제빈, 문학동네 120

『**네가 사라진 날**』 산드라 디크만, 요요 24

『**넉 점 반**』 윤석중 글 · 이영경 그림, 창비 117

『**달의 바다**』 정한아, 문학동네 72

『**데미안**』 헤르만 헤세, 민음사 69

『**도서관**』 사라 스튜어트 글 · 데이비드 스몰 그림, 시공주니어 27

『**동갑내기 울 엄마**』 임사라 글 · 박현주 그림, 나무생각 115

『**람세스**』 크리스티앙 자크, 문학동네 49

『모든 삶은, 작고 크다』 루시드 폴, 예담 142

『모리와 함께한 화요일』 미치 앨봄, 살림 124

『목욕탕 도감』 엔야 호나미, 수오서재 97

『몽실 언니』 권정생, 창비 162

『미래의 피해자들은 이겼다』 김승섭, 난다 262

『민화는 민화다』 정병모, 다할미디어 236

『밤으로의 자전거 여행』 라이언 앤드루스, F 188

『버리고 갈 것만 남아서 참 홀가분하다』 박경리, 다산책방 244

『빵이 빵 터질까』 이춘영 글・노인경 그림, 웅진주니어 19

『새내기 유령』 로버트 헌터, 에디시옹 장물랭 87

『세상 멋져 보이는 것들의 사회학』 오찬호, 북트리거 36

『소년과 두더지와 여우와 말』 찰리 맥커시, 상상의힘 226

『소년의 레시피』 배지영, 웨일북 202

『슬픔의 뿌리』 도종환, 실천문학사 62

『시정신 유희정신』 이오덕, 양철북 135

『아침의 피아노』 김진영, 한겨레출판 262

『안녕♡바오』 박남준, ㄱ 224

『야쿠바와 사자』 티에르 드되, 길벗어린이 254

『애린 왕자 – 갱상도』 앙투안 드 생텍쥐페리, 최현애 옮김, 이팝 265

『앵무새 죽이기』 하퍼 리, 열린책들 137

『어린 왕자』 앙투안 드 생텍쥐페리, 열린책들 221

『어슬렁의 여행드로잉〈동유럽과 지중해〉』 이미영, 노닥노닥 85

『엄마는 페미니스트』 치마만다 응고지 아디치에, 민음사 262

『연금술사』 파울로 코엘료, 문학동네 56

『오늘 상회』 한라경 글 · 김유진 그림, 노란상상 184

『용감한 아이린』 윌리엄 스타이그, 비룡소 230

『웃는 남자』 빅토르 위고, 더스토리 103

『위저드 베이커리』 구병모, 창비 53

『이성의 기능』 알프레드 노스 화이트헤드, 통나무 217

『저만 알던 거인』 오스카 와일드, 분도출판사 249

『제빵사 월터 아저씨』 에릭 칼, 시공주니어 19

『지금 사랑한다고 말하세요』 김창옥, 수오서재 193

『지금 이대로 좋다』 법륜, 정토출판 193

『진주』 존 스타인벡, 문예출판사 40

『책 · 어린이 · 어른』 폴 아자르, 시공주니어 133

『천문학자는 별을 보지 않는다』 심채경, 문학동네 46

『침묵으로 가르치기』 도널드 L. 핀켈, 다산초당 172

『칼의 노래』 김훈, 문학동네 80

『콰이어트』 수전 케인, 알에이치코리아 58

『탄 빵』 이나래, 반달 19

『토지』 박경리, 다산책방 159

『파랑 오리』 릴리아, 킨더랜드 201

『편견』 고든 올포트, 교양인 262

『한강』 조정래, 해냄 91

『할머니의 저녁 식사』 M. B. 고프스타인, 미디어창비 273

『할머니의 정원』 백화현 글 · 김주희 그림, 백화만발 270

『H마트에서 울다』 미셸 자우너, 문학동네 203

『Iceland Travel』 오세범 85